广州市宣传文化人才培养专项经费资助
广州市社科规划课题

开放式创新的微观机制研究与体系构建

Micro Mechanism Research and System Construction of Open Innovation

周圣强／著

经济管理出版社
ECONOMY & MANAGEMENT PUBLISHING HOUSE

图书在版编目（CIP）数据

开放式创新的微观机制研究与体系构建/周圣强著 . —北京：经济管理出版社，2021. 10
ISBN 978 - 7 - 5096 - 8040 - 7

Ⅰ . ①开…　　Ⅱ . ①周…　　Ⅲ . ①企业创新—研究　　Ⅳ . ①F273. 1

中国版本图书馆 CIP 数据核字（2021）第 209320 号

组稿编辑：赵天宇
责任编辑：赵天宇
责任印制：黄章平
责任校对：董杉珊

出版发行：经济管理出版社
　　　　　（北京市海淀区北蜂窝 8 号中雅大厦 A 座 11 层　　100038）
网　　　址：www. E - mp. com. cn
电　　　话：（010）51915602
印　　　刷：唐山玺诚印务有限公司
经　　　销：新华书店
开　　　本：720mm×1000mm/16
印　　　张：11
字　　　数：155 千字
版　　　次：2021 年 10 月第 1 版　　2021 年 10 月第 1 次印刷
书　　　号：ISBN 978 - 7 - 5096 - 8040 - 7
定　　　价：88. 00 元

前　言

当今世界正处于百年未有之大变局，全球化遭遇逆流，世界利益格局面临巨大调整，而核心技术和核心装备、关键性原材料、关键性产业环节均作为战略资源，已成为大国间的博弈资本。尤其是中美摩擦加剧，美国及其盟友对我国的技术封锁和产业限制明显强化。自 2019 年 5 月开始，华为及其多个子公司被美国纳入实体名单，所有美国企业及涉及到使用了美国技术的产品和服务的外国企业，均不得与华为展开合作，导致华为遭遇重大生存危机。不仅华为自身陷入困境，部分上游企业因高度依赖华为，也同样陷入困境而濒临倒闭。华为的案例打破了"造不如买"的幻想，似乎"自制"才是最安全最有保障的策略。在这样的背景下，又应当如何看待开放式创新？笔者认为，自主创新不等于一切都要"自制"，开放式创新应该从不同层面来进行理解。

从微观角度来看，随着现代科技日趋发达，科技发展日益复杂，对知识的需求日益庞大，跨学科、跨地区的融合创新是主流趋势，任何个人和企业都无法脱离全球的产业链、技术链实现"自制"一切。无论美国的微软、英特尔、谷歌、苹果、IBM、波音、德州仪器、通用，还是中国的华为、比亚迪、阿里、腾讯、百度、字节跳动、大疆，都是站在巨人的肩上发展而来，在技术、人才、资本、产业配套上都有赖于全球有效供给。现代科技创新的任何所谓"自制"，都是兼具单项技术创新和集成创新特征。因此企业越大越强，其对外界的联系反而越紧密，从外界引进更优质资源来实现自身迭代发展的意愿越强烈。

从区域层面来看，通信与交通条件的大幅改善，导致现代产业集聚不再是较小空间范围内的产业集群，而是跨越行政区的大产业集群，即所谓的区域产业与创新协同。现代先进制造业的发展，需要更完善的产业配套，依靠单个地区是往往难以满足发展需求的，而是要在更大的空间范围内集聚更多经济要素，来充分发挥要素耦合效应、技术波及效应、产业关联效应和共生经济效应。区域经济一体化可以获得更大的市场和更多的要素供给，规模经济、范围经济达到更高层次的水平，比较优势得到更充分的发挥、基础设施利用率更高，整个区域内经济运行成本降低，区域经济参与方实现互利共赢。

从国家层面来看，党的十九大报告强调"中国开放的大门不会关闭，只会越开越大"，此后多名国家领导人和多个部门在多个场合均不断强调了进一步开放的理念。这也意味着在科技创新上也势必要保持高度开放的态度。为什么在贸易保护主义抬头、发达国家大搞技术封锁背景下，我们要继续坚持开放创新？一是经济全球化是不可逆转的时代潮流，目前出现的逆全球化，只是全球化过程的阶段性调整而已，我国绝不可因噎废食。二是任何一个国家都不可能完全建立一个封闭经济体，自立于全球之外。这两年美国多次退出国际组织，但美国依然是全球化的主要力量，其行为更多地是战略性收缩而已，试图重构更有利美国的全球化发展格局而已。坚持开放创新是真正顺应时代发展之势。

实施开放式创新，与自主创新并非相矛盾，恰恰是为了更好的推动自主创新。自主创新并非仅凭一朝一夕之力就可一蹴而就，而是需要步步为营、一步一个脚印走出来。我国目前产业核心竞争力还不够强，制造业薄弱环节还比较多，企业创新能力还有待提升，经济转型升级任重道远。不同层面均有必要实施开放式创新，在国家层面可引进全球的优质资源补足短板，在区域层面可整合资源错位发展，在企业层面可吸收消化最前沿技术强化企业创新能力。开放和创新相辅相成，越是创新越需要开放，越是开放也越有利于创新。实施开放式创新也不等于"外购"一切，而是要因时因势、有的放矢的引进外部资源，从国家来说最终是要建立独立自主的创新体系，从区域来说最终是要建立区域协同创新体系，从企业来说最终是要建立核心竞争力。在当前新形势下，继续深化开放式创新是打破西方技术垄断的主要途径，现实意义比以往更为凸显。

全面研究开放式创新的形成机制、内涵、模式、运行机制、体系组成与构建不仅丰富相关理论研究，也将更有助于我们把握开放式创新的一般规律，从而为实施创新驱动战略提供坚实的理论支撑。

由于笔者水平有限，加之编写时间仓促，所以书中难免有错误和不足之处，恳请广大读者批评指正。

周圣强

2021 年 8 月 14 日

目　录

第一章　开放式创新的起源、内涵及研究现状

一、从封闭式创新走向开放式创新

为深刻剖析开放式创新体系概念内涵，有必要先了解一下封闭式创新是如何走向开放式创新的，以及开放式创新与封闭式创新之间差异性和这种差异性会产生哪些影响。

（一）封闭式创新的起源

从 19 世纪末开始，随着化工、制药产业的发展，英国、德国、美国等国家的企业开始雇用科研人员专门从事新产品和新工艺研究，高等学校的科学家和高学历者加入企业的数量增多。到 20 世纪初，伴随电气、通信、计算机等产业蓬勃发展，对新产品新技术的研发需求进一步大增，以美国的大型企业为代表，企业内部开始设置实验室，投入大量资源开展基础性研究，从而筑高行业壁垒，强化了企业的核心竞争力，进而诞生了沃尔特实验室、贝尔实验室、帕洛阿尔托研究中心、IBM 沃森研究中心等一批著名的工业实验室。

这些工业实验室具有一些共同的特点：第一，属于企业内部的职能部门，由企业直接设立，并垂直管理；第二，科研团队主要由以科学家为核心的高

学历人员组成，且较多来自高等学校，而不是类似爱迪生这样学徒出身的能工巧匠，更不是出身显贵但爱好研究的贵族子弟；第三，科研方向不完全是围绕企业需求而开展的应用性研究，实际上非常注重科学类基础研究，鉴于专业知识要求高，企业管理层难以准确把握也就难以直接干涉。

企业大量地雇用科学家，导致科研制度化和科学职业化（刘立，1996）[1]，同时在"创新需要完全控制"的创新管理哲学指引下（Chesbrough，2003）[2]，企业将研发部门治理定位为涉及核心竞争力的资产，构建了严格的组织管理体系。企业的创意产生、技术实现、产品设计、生产制造和市场营销等各大创新环节必须依赖企业内部资源而实现，对外则依托知识产权保护的法律体系，实行严格的保密制度，管控对外交流、合作和知识共享，这便是封闭式创新（见图1-1）。

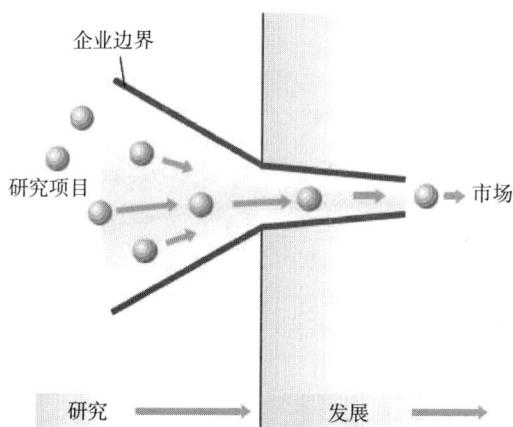

图1-1　封闭式创新示意图

资料来源：笔者根据资料整理，Chesbrough HW. The Era of Open Innovation ［J］. Mit Sloan Management Review, 2003, 44（3）.

（二）开放式创新的产生

20世纪中后期，伴随美国硅谷成为全球经济创新源，全球创新生态发生了急剧变化，主要体现在以下几点：一是科研人员流动性不断增强；二是通信技术发展导致信息流动性加快；三是技术日益复杂导致创新难度不断增大；四是产品周期不断缩短、产品日趋多样化；五是风险投资的兴起。在这样的背景下，部分行业领军企业，虽然科研实力雄厚，但却面临科研成果积压、创新投入低效、创新活力不足等问题。施乐公司的帕洛阿尔托研究中心是一家让企业家们感到扼腕叹息的实验室，比尔·盖茨在参观帕洛阿尔托研究中心的技术成果后，对技术的先进性感到无比惊叹。该研究中心发明了世界上第一台个人电脑，发明了图形用户界面（Graphical User Interface，GUI）、文字处理程序、互联网（Internet），但这些技术却被公司束之高阁。类似的案例在 IBM、AT&T、宝洁等大型企业的实验室层出不穷。而部分中小企业反而创新活跃，能在市场竞争中得以迅速脱颖而出，由此诞生了以微软、苹果、思科、英特尔、谷歌等为代表的一大批知名企业。

Katz 和 Allen（1982）[3]针对科研领域存在的"NIH"（Not Invented Here）现象，展开了实证分析，发现研究团队的长任期和对外联系密度对研发绩效有着显著的影响。Hipple Eric（1988）[4]曾系统性分析了现代产品创新的主要来源，发现产品创新来源有制造商、用户、上游供应商等，改变了创新来自生产者的传统观点。Cohen 和 Levinthal（1989，1990）[5-6]认为研发具有双面性，除了产生新的知识，还能强化企业发现已存有价值的信息的能力和消化吸收外部信息的能力。这些研究表明创新生态已经发生了显著变化，企业创新效率不仅取决于内部环境，还受到外部环境的显著影响，而这些变化不断侵蚀封闭式创新方式。企业纷纷转变创新思维和策略，复印机、计算机、磁盘驱动器、半导体、电信设备、制药、生物技术，甚至军事武器和通信系统等许多行业，正从封闭式创新向开放式创新转变（Chesbrough，2003）[2]。

微软 MS-DOS 系统开发就是一个典型的案例。微软在 1979 年便试图通过购买 AT&T 授权的 Unix 进入计算机操作系统领域，但未能成功。而后在与 IBM 合作过程中，IBM 表达了需要 16 位操作系统的渴望。为抓住与 IBM 合作的机遇，微软考虑自行研发操作系统，但缺乏知识和技术支撑。在陷入两难之际，可移植的 8 位操作系统 CP/M-80 进入公司视野。微软从西雅图电脑公司购买了 CP/M - 80 的升级版 16 位的 QDOS 软件许可，开展适应性开发，确保其与 IBM 的 PC 相兼容，又引进了 QDOS 核心技术人员，最终 MS - DOS 取得成功。不仅如此，微软 Windows 系统的开发离不开施乐帕洛阿尔托研究中心的知识溢出，包括鼠标、图形界面、互联网等技术的应用，甚至 Office 的文字处理技术。

宝洁积极转变创新理念也取得了显著成效。宝洁作为日用消费品生产巨头，拥有很强的自主研发能力，但也面临投入—产出下降的局面。为扭转绩效颓势，2000 年公司将口号"研究 & 发展"更改为"联系 + 发展"，并为外部创新设定总监岗位，要求从外部购买创新数提升到 50%。企业通过实施开放式创新，取得了非常好的成效。例如，宝洁推出的电动牙刷，是美国销售最佳的牙刷之一，为公司赚取了大量现金流，但这一创意却来自克利夫兰的四家企业，而不是宝洁内部的实验室。

小米科技是一家 2010 年成立的中国手机供应商，从创立之初便践行开放式创新理念。小米的联合创办人是来自谷歌、微软、摩托罗拉和金山等著名企业的高管，具有丰富的产品研发经验和专业知识。手机设计之初，手机系统是在免费开源的 Android 系统基础上，按照需求进行优化和深度定制化。手机生产则依托代工厂商英华达，产品进一步完善和改进则依托产品论坛收集用户信息。从小米科技的创办发展历程来看，外部力量的有效吸收成为其快速取得成功的关键。

从上述案例分析可以看出，无论企业是刻意的还是无意之举，外部创新资源的存在都难以忽视，任何企业面临庞大的知识需求都难以驾驭自如，企业引进外部创新资源已经日益普遍。"君子生非异也，善假于物也"，我国传统思想中就提倡要有效利用既存之物。正是在这样的背景下，产生了开放式创新的概念。受开放源软件（OSS）成功开发的启发，Chesbrough 在 2003 年出版的 *Open innovation：The new imperative for creating and profiting from technology*[7] 一书中首次提出了开放式创新（Open Innovation，OI）（见图 1 - 2）的概念及相关理论。

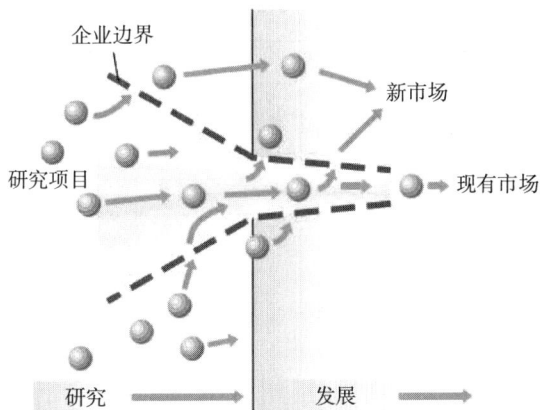

图1-2 开放式创新示意图

资料来源：笔者根据资料整理，Chesbrough HW. The Era of Open Innovation ［J］. Mit Sloan Management Review，2003，44（3）.

（三）双方差异的比较分析

Chesbrough（2003a，2003b）[2,7]对封闭式创新和开放式创新做了一个基础性的比较分析，分别对创新来源及创新的商业化运作两方面的特征作了对比。如表1-1所示，开放式创新与封闭式创新的区别主要体现在方向和思维上，前者强调的是本着务实的精神加强对外协调与资源整合，注重优势互补；后者强调的是发挥自身能力和资源优势，自身做到最好便能赢得市场竞争，也能遏制对手。

表1-1 封闭式创新和开放式创新比较

项目	封闭式创新	开放式创新
创新来源	本行业里最聪明的员工都为我们工作	并不是所有的聪明人都为我们工作，企业需要和内部、外部的所有聪明的人通力合作
	为了从研发中获利，企业必须自己进行发明创造，开发产品并推向市场	外部研发工作创造巨大的价值，内部研发工作需要或有权利分享其中的部分价值

续表

项目	封闭式创新	开放式创新
创新的 商业化运用	如果企业自己进行研究就能首先把新产品推向市场	企业并非必须自己进行研究才能获利
	最先把新技术转化为产品的企业必将胜利	建立一个更好的企业模式要比把产品争先推向市场更为重要
	如果企业的创意是行业内最多的，企业一定能在竞争中获胜	如果企业能充分利用内部和外部所有好的创意，那么就一定能成功
	企业应当牢牢控制自身的知识产权，从而使竞争对手无法从其发明中获利	企业应当从别人对其知识产权的使用中获利，同时只要是能提升或改进企业绩效的模式，同样应该购买别人的知识产权

资料来源：笔者根据资料整理，Chesbrough H. Open Innovation：The New Imperative for Creating and Profiting from Technolog [M]. Boston：Harvard Business School Press，2003.

除了上述差异，封闭式创新与开放式创新在产生的时代背景和动机上也存在较大差异。

工业时代的企业合作创新面临的最大威胁是信息披露悖论。Arrow (1962)[8]最早提出信息披露悖论（Disclosure Paradox），即信息作为商品也需要定价，但买方若不知道信息便无法确定价值，而一旦获得了信息，则又无须支付，故而信息披露悖论导致市场失灵。而封闭式创新产生于工业时代，机制设计的动机之一是破解信息悖论问题。应对办法是实行严格的占有制度，通过封闭式创新提高知识占有程度，企业就能够基于知识存量铸造坚固的"马奇诺防线"，来抵御外部的竞争力量，从而维持企业的市场地位与竞争优势（王雎，2010）[9]。

但这样的方式在信息时代则明显遭遇瓶颈。Boisot（1998）[10]在其专著《知识资产：在信息经济中赢得竞争优势》中阐述了信息产品生产与交换时所面临的一种自相矛盾情况，即当我们提高产品中知识的编码与抽象程度的时候，我们从中取得的效用越大，越难以确保其稀缺性。也就是说，要从信息技术创新中获取最大的收益，相关知识必须便于复制与传递，信息产品和服务才易于扩散。而封闭式创新下的技术创新将面临低扩散而无法获益的情景，不再适应当前市场竞争要求，开放式创新应运而生。

开放式创新产生于信息时代，从 Chesbrough（2003）[7] 的观点来看，机制设计主要动机之一是要破除封闭式创新下技术创新难以获益的矛盾。市场竞争的内在动力，要求企业提高产品知识的编码程度，从而提高产品的扩散程度，尽管知识的贬值会加快，但企业可通过开放式创新来提升产品知识流量，缩短产品的更新周期，不断推陈出新以维持竞争优势。当然，开放式创新下面临信息泄露风险，对于后发企业而言还存在"与狼共舞"悖论，即在与领先者合作过程中有可能导致自身价值获取被破坏（应瑛等，2018）[11]。这似乎暗含了开放式创新的实施将会弱化产权保护机制，这构成了开放的悖论：不开放将减缓创新，开放则有损产权保护。但 Silva（2018）[12] 关于非营利性信息交换机制的研究发现，在开放式创新中，加大专利保护力度反而促进了技术信息的自由共享和传播。蔡剑和朱岩（2021）[13] 也持类似观点，认为开放式创新正在成为数字经济发展的关键动力，通过发挥创新管理与数字科技的协同作用建立开放式创新平台能获得更高的创新绩效。

（四）开放式创新的影响分析

正如前文所述，开放式创新与封闭式创新在创新来源和商业化模式上存在较大差异，开放式创新对企业的影响是广泛而深刻的。周圣强（2017）[14] 在分析在互联网时代背景下信息技术对企业边界的影响时，从技术进步角度探讨了对企业组织方式的影响，其实也暗含了开放式创新对企业的影响。至少开放式创新在市场竞争、资源配置、企业组织方式等方面都产生了实质性的影响。

1. 企业间的关系呈现竞合新特征

在开放式创新的背景下，企业间的关系变得更为复杂，既存在市场竞争关系又存在合作关系（Bouncken 等，2015）[15]。如三星与苹果在手机市场上是激烈的竞争关系，但三星同时也是苹果手机 CPU 的主要供应商之一。这种竞合关系并非个案，而是在不同领域都有所体现，如国内支付宝、微信与银行间的竞合关系，海尔与日本三洋的跨国竞合关系等。West 和 Gallagher (2006)[16]从开源软件视角研究了这种悖论：企业为什么会在竞争对手可获得的研究上耗费资金。研究表明开放式创新并不会削弱企业竞争优势，企业反而有多种方式提高价值创造。

2. 创新资源投入效率明显提高

在封闭式创新下，研发和市场的脱节可谓司空见惯，研发部门与市场对接不足，导致技术孤岛的形成，大量研究成果浪费；而在开放式创新下，各类企业毫不掩饰自己的专业方向，在专注扩大自身优势的同时，积极寻找市场的合理定位，谋求持续发展。如善于科技创新的企业无须担心其研究成果会被束之高阁，而是可以借助外部资源进行商业化运作，实现了资源有效利用；而经验丰富、善于商业运作的企业，如风险投资资本、产业基金等，也会主动寻找外部匹配的技术创新加以开发应用。可以说，在开放式创新下，企业的自主研发投入增多，同时外部技术引进也增多，而并非简单的此消彼长的关系，最终结果是创新资源得到更充分的利用，产生更多的创新成果。

3. 模糊化了企业组织边界

开放式创新促进了组织的虚拟化，体现在很多方面，包括管理结构去科层化、灵活多样的雇佣关系、业务信息化和智能化、轻资产化等。例如，早期的英特尔是著名的技术跟随者，甚至没有自己的基础研究平台，而是集中精力专注制造流程，其进行研发所依赖的基础技术都来源于 AT&T 和 IBM。只是在外部技术来源减少的情况下，英特尔才不得不设立研发部门，但也依照"信息最少原则"展开研究，要求研发部门关注外部技术进展，研究人员也无须探索新领域，只需要完成企业所需要的技术。移动互联网的出现和流行，推动了以优步、Airbnb 房屋短租、滴滴出行、摩拜、美团等为代表的分时租赁经济发展，在分时租赁经济发展初期，拥有闲置资源的人员，如汽车、住房，甚至生产加工设备，均能以较低价格短期租给有需求的人员使用，从而达到社会资源充分利用，但在整个交易过程中，服务的供给者既不是平台企业的职员，也不使用平台企业的生产资料。

4. 创新生态平台化特征日趋明显

平台经济是开放式创新的一种较为新颖的形态，有别于传统的产学研或官产学研的合作研发形式。其创新参与者包括领先用户（创新供给方）、企业技术人员与普通客户（创新需求方）和平台企业，普通用户提供了大量产品使用体验，领先用户则具备着产品改善的敏感性，向企业技术人员提出良好的创意或产品改善的方向，从而共同推动产品完善，其中最为典型的是手机厂商小米所打造的社区，其中社区管理人员与用户保持良性互动，并积极采纳领先用户的创意思想，并在产品更新中体现出来，赢得客户认可。显然，各参与者在虚拟社区之中基于价值共创性建立了良性反馈机制。

5. 推动区域创新体系走向更开放

当企业越来越多地寻求获取外部创新资源时，势必导致区域创新体系走向更加开放。区域开放式创新体系的形成或构成主要有两条路径：一条是以跨国企业为载体的科技创新全球化，另一条则是以区域经济一体化为主导的区域创新协同。皮·杜阿尔和郑秉文（1995）[17]发现20世纪六七十年代以来，技术创新的全球化现象越来越引起人们的关注，一个技术创新的国际网络正在形成。传统的国际贸易主要是货物贸易，以原材料和成品流动为主。现代的国际贸易不仅伴随科技人员大幅流动、高技术产品国际交易、制造技术国际转移、国际技术联盟建立，而且将全球各地区都纳入生产制造的环节，尤其是高端电子信息产品、汽车、飞机、高端装备等复杂的科技产品供应链覆盖多个国家和地区，依托各国和地区相协调才得以推动创新的实现。区域创新协同则是在区域一体化的背景下构建的，内在推动力是超大城市圈、城市群的快速发展，推动了资源要素在一定空间范围内的高度集聚，微观基础则是顺应企业开放式创新的趋势，破除要素流通壁垒，进一步优化资源配置。

二、开放式创新的内涵与模式

(一) 开放式创新的内涵

关于开放式创新话题的争议依旧较多 (Chiaron 和 Frattini, 2011)[18], Trott 和 Hartmann (2009)[19]认为开放式创新理论是"新瓶装旧酒", 其阐述的东西缺乏新意, 因为关于外部创新资源的重要性早已为学者所关注与研究, 如 Alan Pearson (1969)[20]、Tilton (1971)[21]、Rothwell (1974, 1985)[22,23]、Mowery (1983)[24]、Cohen 和 Levinthal (1989)[5]、Tidd (1993)[25]等都曾在相关领域展开了开拓性的探讨。但 Trott 和 Hartmann 的观点只能说明开放式创新的实践早已开始, 早期相关研究为开放式创新理论研究的深入奠定了良好的基础, 而开放式创新确有"新酒"之意 (高良谋和马文甲, 2014)[26]。开放式创新概念产生以来的一二十年, 诸多学者都对"新酒"之意进行了深入探讨, 并不断修正和拓展开放式创新的概念, 很多学者认为它比 Chesbrough 最初提出时有了更广的范畴和更为丰富的内涵 (张永成等, 2014)[27]。

Chesbrough 关于开放式创新概念的定义经历多次演变: 第一次定义是指, 同时利用企业内外部创新资源和内外部市场营销资源 (Chesbrough, 2003a; Chesbrough, 2003b)[2,7]; 第二次定义是指, 有目标地利用知识的内外部流动性分别加速内部创新和利用外部创新来拓展市场; 第三次定义是指, 有目标的管理跨越组织边界知识流动的分布式创新过程, 并使用经济和非经济机制以符合组织商业模式。高良谋和马文甲 (2014)[26]对开放式创新内涵做了总结, 并对国外学者观点进行了系统性梳理, 如表 1 - 2 所示。

表1-2 开放式创新内涵总结

视角	代表学者	主要观点
资源	Chesbrough (2003)	同时利用内部和外部的所有有价值的创新;同时使用内部、外部两条市场通道
	Hastbacka (2004)	综合利用内部、外部技术和创新思想;同时可能通过向市场进行技术转让和资产分派,再由市场将信息反馈给研发部门
	West 和 Gallagher (2006)	把企业的能力和资源与外部获得的资源整合起来,并通过多种渠道开发市场机会
流程	Chesbrough (2006)	有目的地利用知识的流入与流出
	Lichtenthaler (2011)	进行内外部的知识开发、知识保持和知识利用的活动
认知	West 等 (2006)	是一种创造、转化、研究这些实践的认知模式

比较分析可以看出,这些概念的核心思想是,企业在创新过程中,不仅知识的生产与应用,还有创意产生、生产流程、商业模式、组织管理等,都应兼顾外部资源有效利用,实现内外资源优势互补。Chesbrough 虽然最早提出了开放式创新的概念,却没有明晰开放式创新是一种方法、模式、范式、思维还是战略,国内外学者也根据研究需求作不同的理解。例如,Chesbrough 将开放式创新表达为一种范式或者模式,West 等 (2006)[16] 认为开放式创新是一种认知模式,吕一博等 (2015)[28] 则将开放式创新视为一种创新生态系统。

开放式创新可简单地理解为借助外部途径提升自身创新能力。但要准确把握开放式创新的内涵,需要从不同层面和语境来思考。从 Chesbrough 等学者的定义来看,开放式创新更像是一种思维、思想、认知和战略选择,而并非是一种具体的工作模式或范式。通常而言,模式或范式都会涉及具体的方案流程,具有标准化特征,开放式创新仅仅强调的是企业内外资源的整合。但在开放式创新思想引领下,又可形成特定的创新模式。比如英特尔创新体系设计,坚持分散化、分布式的研究模式,要求研发部门从大学、供应商、竞争对手和半导体研究协会等外部组织机构获取最新最先进的知识技术,并设计了多种方式以加强内部实验室与外部研究机构的联系。Chesbrough

(2003)[2]、陈劲等（2013）[29]、吕一博等（2015）[28]等将开放式创新视为一种生态系统或者时代背景。站在一定时空层面来看，开放式创新用以表达一种经济生态系统，在这个生态系统中，生产资源要素的进出壁垒更少更低，要素流动性更强。

因此，在现实实践中，开放式创新已经超越了以往技术引进、技术许可、研发外包、技术并购等传统创新形式，而且也包容了开放源码、开放社群等新的创新形式，它被界定为战略、情境、模式、认知甚至是范式或创新哲学（张永成等，2014）[27]。综合来看，开放式创新在不同语境下强调有所侧重，在强调创新环境和背景时主要指生态系统，在强调创新类别时往往指模式或者范式，在强调长期的路线选择时则是战略，而在强调哲学思想时则主要指思维和认知。在后续行文中，可不再做具体的区分，而是根据行文需要和侧重进行选择。可归纳总结开放式创新内涵的五大基本特征：一是强调创新资源跨界流动、交换与整合。广义来看，创新资源具有时空广泛分布特性，涉及多元化经济主体。要实现资源内外整合，基本要求是创新资源跨越组织边界、区域边界和国界的流动与交换，这是开放式创新的前提条件，也是开放式创新的直接表现。二是实施路径选择基本依据是创新资源的比较优势。无论是自主研发与技术引进，还是研发合作、专利购买与并购，不存在孰优孰劣的问题，开放式创新具体的实施路径选择不是非此即彼的单项选择，而是基于创新资源在识别、获取和收益等方面的比较优势下的综合考虑结果。三是必须建立在一定的创新资源治理机制下。治理本质上是对行为进行激励、约束、规制、引导的秩序和规则，开放式创新涉及多元主体，必须对其所涉及的行为进行激励、引导、规范和控制的组织安排。四是目标在于价值创新。开放式创新的本质是基于创新资源流动与交换而嵌入在组织间层面的价值创新，不仅包含着开放式的价值创造，还涉及初期的价值识别与最终的价值获取。五是可应用于不同层次主体，即个体、项目、商业单元、生态或社区、企业、区域或国家创新体系。

概括而言，所谓的开放式创新，是为实现价值创新，在一定治理机制基础上，基于创新资源获取、利用与收益等方面比较优势的考虑，通过多元化途径选择，实现创新资源跨界流动、交换与整合的一种策略、模式、范式、思想或体系。

（二）开放式创新的模式

在实践中，开放式创新存在多种模式，部分强调路径，部分则强调治理边界，不同的模式往往意味着产权、管理权和剩余所有权的差异，学者们从多个角度进行了划分。Friar 和 Horwitch（1985）[30]识别了研发外包、技术并购、专利许可、合资研发、技术公司参股五种外部获取模式。Granstrand 等（1992）[31]基于分类学将不同契约形式的外部技术获取分为技术扫描、技术购买、合资、并购四类。Veugelers 和 Cassiman（1999）[32]将外部技术来源划分为专利许可、研发外包、咨询机构、并购、资质雇员。Cassiman 和 Veugelers（2002）[33]做了更为细致的归纳，划分了专利许可、研发外包、并购、员工雇用和研发合作五类，同时研发合作进一步分为机构合作、供应商—客户合作以及竞争者合作。Zhao 等（2005）[34]认为现有的外部技术获取模式有技术专利许可、技术联盟、合资、共同研发、供应商—客户、政府技术转移、产业—高校合作、技术购买，并创新性地提出了基于市场、基于合作关系与基于价值链三种新的分类模式。Tsai 和 Wang（2009）[35]与 Cassiman 和 Veugelers（2002）[33]类似，归纳了与供应商合作、与客户合作、竞争者合作以及研究组织合作获得外部技术知识。

分布式创新、开放式创新社区平台被认为是当前开放式创新的一种新形式，与传统合作为特征的模式有较大差异性。开源软件是分布式创新的典型范例，Linux 操作系统、Chromium 网络浏览器都是具有代表性的开源软件（陈晓红、周源、苏竣，2016）[36]。开放式创新社区平台则充分利用网络技术，由来自组织外部具有一定共识的个体所组成的知识共享网络，用户在社区中交流产品体验和期望（阮平南和赵宇晴，2017）[37]。由于我国网络经济发达，开放式创新社区平台对促进创新发挥了显著作用，吸引了较多学者从不同维度展开了研究，比如刘杨和徐艳菊（2021）[15]、张宁和赵文斐等（2021）[38-39]、单晓红和王春稳（2021）[39]，等等。分布式创新、开放式创新社区平台并不完全一样，应该说具有共性，也各具独特性。共性主要体现在实现方式都一样，即依托网络技术，搭建虚拟社区作为交流合作平台，会聚不同空间的人，通过知识共享，群策群力实现特定目标。独特性则主要体现在运营目标、主要构成人群等差异。分布式创新平台往往由特定的技术偏好人员建立，人群通常是具有专业知识的人，不以营利为目的，而是以知识共享为目的；开放式创新社区平台通常是企业所建立，旨在及时了解用户需求、提升产品使用体验、赢得市场竞争，以企业的产品用户为主体，企业会采纳富有创意的意见或建设性意见，这等于在企业和用户间建立了一种良性高效的互动反馈机制。从形式上看，分布式创新、开放式创新社区平台确实跟传统的合作形式不一样，类似合作形式更为松散的供应商—客户合作，既不受空间的约束，也没有法律契约的约束，但本质上还是属于知识溢出。其原因在于其免费共享特性，平台上提出来的创意可以免费供所有人使用，甚至可以是竞争对手。

总体来说，学者们关于开放式创新的模式具有较多的共性，且集中在以技术知识生产与应用为主的研发领域。为了科学分类，本书参考 Granstrand 等（1992）[31]的观点，按照产权的一体化程度进行归总分为六大类，如表 1-3 所示。为使概念范畴清晰，强调以下几点：首先，许多学者因为知识溢出难以衡量，常忽略这类外部知识获取模式，仅 Granstrand 等（1992）[31]将其定义为技术扫描，而 Mansfield（1985）[40]研究表明知识溢出是非常普遍的。其次，部分学者从广义上认为技术知识购买包含所有为获取外部技术知识进行支付的模式，这种说法容易混淆技术的现货市场与研发契约市场，本书则将技术购买限定于技术知识现货市场。最后，部分学者广义上将研发生产外包归类为合作研发/技术战略联盟，从技术供应角度看满足供应商—客户合作关系，但是这个概念除了存在合作层次关系还存在外购层次关系，因此将研发外包界定在技术购买与合作研发之间，单独归为一类。

表 1 - 3　开放式创新的实施形式

模式	备注
知识溢出	包含知识的自愿交换或非自愿的外泄（De Bondt, 1997）[41]，如政府技术供给、员工流动、公共出版物、人员交流、专利披露等（Harabi, 1995）[42]，分布式创新、开放式创新社区平台，等等
技术知识购买	专利许可、非专利许可和设备购买等
研发与生产外包	通过与独立研究或生产组织签订契约
合作研发/技术战略联盟	机构合作（产学研合作）、供应商—客户合作、竞争者合作
共同合资	企业股权投资、合资
并购	基于技术或市场渠道的并购

（三）企业开放式创新典型案例

1. 美的开放式创新平台

美的集团成立于 1968 年，总部位于佛山市顺德区，经过 53 年的发展，已成为一家集智能家居事业群、机电事业群、暖通与楼宇事业部、机器人及自动化事业部、数字化创新业务五大板块为一体的全球化科技集团，产品及服务惠及全球 200 多个国家和地区约 4 亿用户。根据 2020 年财报数据，2020 年美的集团营业收入为 2587 亿元，全球员工数 15 万余人，居《财富》世界 500 强的第 288 位。

纵观美的集团的发展史，从 1980 年开始制造风扇，1981 年才注册"美的"商标，到发展为当前的世界 500 强之一，创新起到了关键作用。官网材料显示，迄今为止，美的专利授权维持量达 5.7 万件，研发人员超过 15000 人，外籍资深专家超过 500 人，近五年研发投入多达 400 亿元。美的不仅高度重视创新，尤为重视开放式创新，2015 年 4 月谋划建设美创平台，2015 年 9 月 12 日美的开放式创新平台在中国（广东）国际"互联网 ＋"博览会宣布正式上线并进行现场演示，2015 年 11 月第一个孵化产品问世（M2 净水器），美创平台还举办了多次不同领域的专项创意创新大赛，创意创新大赛已成为美的创意重要来源和项目孵化的重要展示平台（张忠耀，2019a，

2019b)[43-44]。目前，美的开放式创新平台运行良好，各项功能正不断完善，2020 年 7 月，美的开放式创新平台 COCREATING 全新上线，旨在促进美的集团与全球优秀技术资源协同创新；2021 年 8 月，美的开放式创新平台 CO - link 功能正式上线，旨在向全球优秀的技术解决方案提供方发起协同创新合作邀请。

根据韦夏怡（2021）[45]的报道，目前美的开放式创新平台与知名组织机构在互动、共创、产学研等方面均取得良好的成效，如在搭建合作网络方面，与巴斯夫、霍尼韦尔、3M 等多家科技企业达成创新战略合作，聚焦新技术、新材料和新工艺在家电领域的创新与应用；在共创共享方面，共形成潜在技术创新合作机会超 500 个、创新项目超 200 个，邀请世界化工领域头部企业 3M、巴斯夫、霍尼韦尔、埃克森美孚分享家电材料领域的解决方案，共同探讨前沿技术创新；在产学研合作领域，与麻省理工学院建立联合技术研发中心，与谢菲尔德大学联合建立电机与驱动技术联合实验室进行技术研发合作，与上海交通大学、清华大学（未来实验室）建立战略合作关系，分别与上海交通大学、浙江大学建立了开放式创新联合实验室。此外，美的集团还积极开展并购与协同，通过对东芝白电、库卡机器人、高创机器人等企业的并购和协同，美的已在全球 9 个国家布局了 20 个研发中心（张忠耀，2019）[43]。

2. 海尔 HOPE 开放创新平台

海尔集团创立于 1984 年，旗下子公司海尔智家位列《财富》世界 500 强。官网显示，截至 2021 年 2 月，海尔集团构建了全球引领的工业互联网平台卡奥斯 COSMOPlat，成功孵化 5 家独角兽企业和 37 家瞪羚企业，在全球布局了 "10 + N" 创新生态体系、28 个工业园、122 个制造中心和 24 万个销售网络，深入全球 160 个国家和地区，服务全球超过 10 亿用户家庭。

2009 年，依托 "人单合一" 管理模式及 "世界就是我的研发部" 的开放创新理念，海尔搭建了海尔开放创新平台（Haier Open Partnership Ecosystem，HOPE）。HOPE 平台发展总体可分为五大阶段，分别是初创阶段、连接全球创新资源网络阶段、与外部资源协同创新阶段、构建正向循环的开放创新体系阶段、打造共创共赢共享的创新生态阶段。经过多年的发展，平台以海尔集团各小微组织、内部"创客"及外部第三方公司、个人"创客"、极客等为主要服务对象，业务范围覆盖技术供需精准配对、客户需求满足、用户交流互动、线上线下活动组织、产品开发全流程动态信息跟踪等，集创新生态社区、资源网络、产品创新服务平台等功能为一体的独立的开放式创新服务平台。

滕东晖和万新明等（2019）[46]系统分析了 HOPE 平台的特点，一是能结合用户需求，整合内外部知识；二是能通过与产业线紧密结合、关注用户论坛、领先用户定期交流、关联跨界知识等途径来精准把握用户需求；三是基于转化目标的建立跨界知识的获取模式，如通过产品线大数据抓取用户需求、承接超前研发部门创意，深入探索用户需求为超前研发部门提供技术创意，关注技术态势、洞察技术价值打造技术储备库。自成立以来，HOPE 平台支持海尔各个产品研发团队和超前研发团队创造了众多的颠覆性产品，如 MSA 控氧保鲜冰箱、净水洗洗衣机、水洗空调、天樽空调、NOCO 传奇热水器、防干烧燃气灶等，在市场上广受好评。

3. 百度 Apollo 开放平台

百度自 2013 年起开启了关于自动驾驶领域的探索，主要技术来源依赖于自主研发。2017 年 4 月，百度正式宣布了 Apollo 计划，不仅将积累的经验以开源开放的方式供业界共享，而且向汽车行业及自动驾驶领域的合作伙伴提供一个开放、完整、安全的软件平台，帮助他们结合车辆和硬件系统，快速搭建一套属于自己的完整的自动驾驶系统。截至 2021 年上半年，Apollo 拥有全国最大的自动驾驶车队，规模超过 500 辆，落地全国 30 座城市，取得 244 张测试牌照，总路测里程突破 1000 万千米，相关专利达 2900 多件。百度不仅拥有 T1 至 T4 各级测试牌照，并且在 2020 年年底获得了北京市首批无人化路测牌照。

Apollo 开源历程为从 1.0 的封闭场地循迹自动驾驶、2.0 的简单城市路况自动驾驶、3.0 的低速园区自动驾驶、5.0 的量产限定区域自动驾驶、5.5 城市点到点自动驾驶到 6.0 自动驾驶无人化（见图 1 - 3），再到 2021 年上半年共发布了 10 个版本，形成了较为完整的自动驾驶解决方案。在短短的 4 年左右的时间里，累计开源了超过 60 万行的代码，在全球 97 个国家，拥有超过 6.5 万名开发者，包括车企、高校在内超过 210 家合作伙伴，Apollo 已是全球活跃的自动驾驶开放平台（董芳芳，2021）[47]。

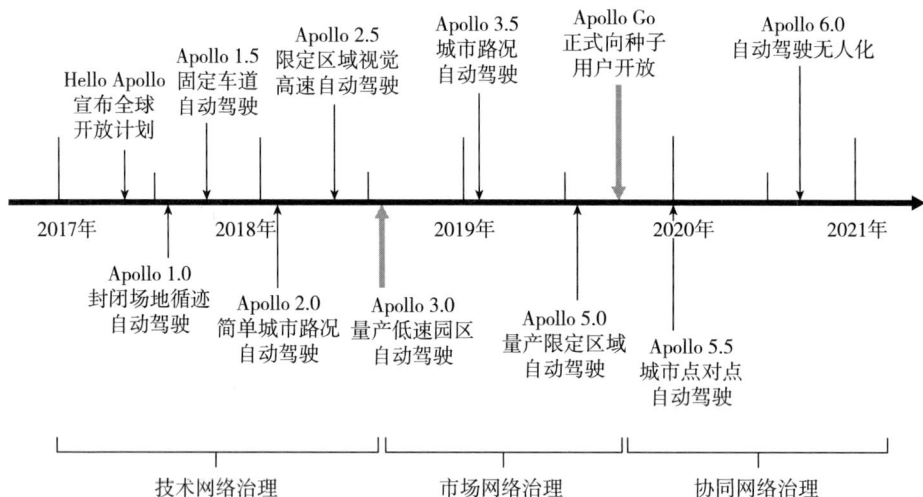

图 1 - 3　百度 Apollo 自动驾驶开放平台的发展历程

资料来源：李东红和陈昱蓉等（2021）[193]。

Apollo 开源参与者包括整车制造商（OEM）、硬件制造商、高等院校、地方政府、开发者、出行企业等，共同建构起一个庞大的自动驾驶技术创新网络（见图 1 - 4）（李东红和陈昱蓉等，2021）[48]。由于创新过程涉及主体多、技术领域多、技术繁杂，且创新面临不确定性大、风险大，百度需跨越产品边界、职能与业务部门边界、组织边界、产业边界等进行管理。李东红和陈昱蓉等（2021）[48]对百度 Apollo 开源创新过程展开了全面而深入的分析，将创新过程的跨界网络治理分为三个阶段，即技术网络的丰富、市场网络的丰富、技术网络与市场网络的价值共创，治理内容涉及技术内容、技术场景、合作关系、技术集成、知识共享与整合、价值治理，等等。可以说，开放式创新的出现，为创新的实现路径创造了更多的选择，也带来了更多的挑战。

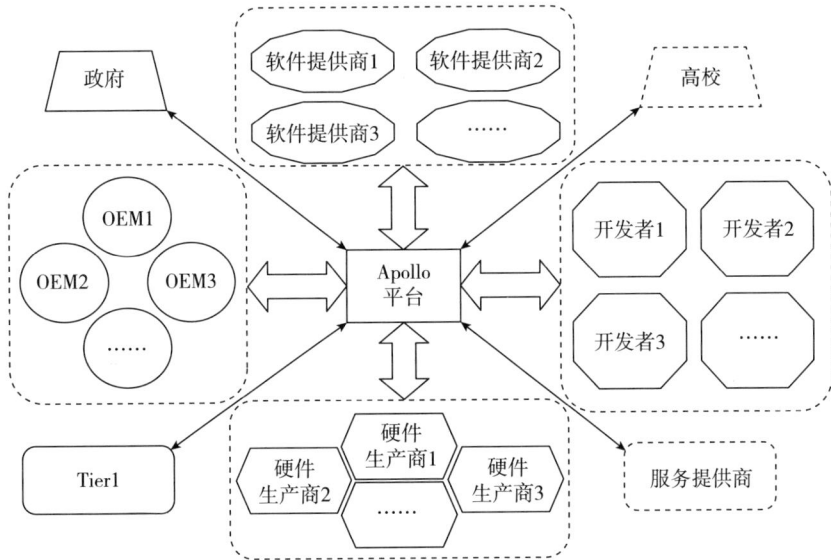

图 1-4　以 Apollo 平台为核心的创新网络

资料来源：李东红和陈昱蓉等（2021）[193]。

三、文献回顾

李淑燕和孙锐（2016）[49]、张永成等（2015）[27]、何郁冰（2015）[50]、West 等（2014）[51]、West 和 Bogers（2014）[52]等以"open innovation"为关键词在文献库进行了搜索和统计分析。根据他们的研究结果可以看到，开放式创新提出后，在创新管理领域引起了高度的关注，相关研究从多个维度得以快速展开，总体上可以从开放式创新与创新管理、开放式创新的运行与实施、开放式创新与创新绩效等角度来划分。

（一）关于开放式创新与创新管理思想的研究

开放式创新概念提出以后，首先对创新管理思想产生了冲击。Chesbrough（2004）[53]认为，在开放式创新背景下，技术与市场不确定性加大，技术项目的早期阶段，企业会有意识地减少或限制关于负面或消极因素的评估，以提升项目潜在价值，这往往导致产生额外的损失的现象发生。因此，企业应该设定新的创新管理要求，以应对市场不确定性，既要"下好棋"也要"打好扑克"（下棋比喻日常创新管理，打扑克比喻应对市场不确定性）。"专利丛林"战略的产生就是旨在应对开放式创新的一种举措。某个特定技术领域的专利数量激增容易产生"专利丛林"，进而引起专利"反公地悲剧"（袁晓东和孟奇勋，2010）[55]。专利集中战略是在开放式创新背景下形成的，通过获取并许可专利作为盈利模式的一种专利战略。范恺偈（2021）[54]探讨了开放式创新下的企业知识产权管理策略，认为在当下开放创新的发展环境中，企业要整合多项资源，推动知识产权管理体系建设、做好知识产权转移管理、强化知识产权保护强度，组建更为规范的知识产权评估体系。

从知识管理到知识治理是开放式创新引发的另一个重要转变。开放式创新可以从技术创新、"技术－经济－法律"一体化、商业化、利益机制等方面对知识产权管理产生影响（杨武，2006）[55]。但开放式创新所带来的挑战已经不是知识管理层面的问题，而是知识治理层面的问题，需要有效的治理机制应对由知识差异性、知识复杂性以及创新者利益冲突所产生的知识基础性风险，从而为这种分布式、大规模的创新活动提供制度性保障（王雎，2009）[56]。在开放式创新背景下，知识产权的占有不是目的，通过知识产权创造激励机制，高效利用知识而创造与获取价值才是目的（王雎，2010）[9]。王雎（2010）[9]提出了知识治理的两种主要思路——情景组合观与流程设计观有机融合，以开放式创新中的知识流转作为分析单元，以创新过程各个环节中的知识基础性风险为分析的微观基础与治理对象，建立一个开放式创新下知识治理的理论框架。王红丽等（2011）[57]则构建了一个开放式创新下知识治理的影响因素框架，即以知识特性、知识活动主体、知识活动的外生情境、内生情境为自变量，知识治理绩效为因变量的研究架构，并采用多元回归分析以及结构方程模型验证各研究变量之间的关系及其交互效应。

（二）关于开放式创新与创新实践的研究

开放式创新概念并不难理解，有效实施开放式创新则是企业面临的重要挑战（Wang 等，2017）[58]，Del Vecchio 等（2017）[59]甚至强调要借助大数据来实施开放式创新战略。因此，关于开放式创新的运行机理与流程、运行条件、模式选择等具体实施问题则成为学者关注的焦点。

部分学者基于创新过程视角，探讨开放式创新的运行机理。Gassmann 和 Enkel（2004）[60]基于 124 家企业的实证数据，识别出了三类开放式创新流程：①内向型：通过供应商、客户和知识购买的整合来丰富企业自身知识库，以提高创新能力。②外向型：以出售知识产权和倍增技术的方式，将创意引导到外部环境，开发不同市场中的创意价值。③耦合型：通过与互补企业建立联盟来推动内向型与外向型的耦合，其中无论是给予还是获取的一方都对创新成功至关重要。这样的分类为较多学者所采用，如 Greco 和 Grimaldi（2015）[61]、盛济川等（2013）[62]等。

伴随着对开放式创新的认识不断深入，开放式创新也常被视为一种复杂生态体系。吕一博等（2015）[28]选取移动通信产业的 iOS、Android 和 Symbian 的创新生态圈为案例研究对象，基于创新的阶段性对开放式创新生态系统运行的驱动因素进行探索解析，发现开放式创新生态系统运行外在表征为研发生态圈和商业生态圈不同的融合，驱动主体是核心企业，金融、市场、资源平台等基础核心企业自身创新整合能力是关键，以及文化、外部环境等都扮演了重要角色。事实上，开放式创新对创新系统的影响效应更是动态而深远的，Yun 等（2016）[63]建立了一个开放式创新模拟模型，从系统的视角，考察了开放式创新对复杂适应系统及其演化变迁的影响。

创新社区是开放式创新生态系统另一种形态。现代经济社会，常围绕某款软件或产品而形成一个特色社区，开源软件社区的出现凸显了社区在创新过程中的重要作用（West 和 Lakhani，2008）[64]。开源软件是分布式创新的范例，如 Apache、Linux、Perl、Sendmail 等都是开源模式的经典案例，正是这种特别模式拉开了开放式创新时代序幕，其运行原理吸引了广大学者的关注，Lerner 和 Tirole（2000）[65]、Lakhani 和 von Hippel（2003）[66]、Henkel（2006）[67]、West 和 Gallagher（2006）[16]等通过案例分析从多个维度深入剖析开源软件的动机、运作方式、激励、文化等。用户创新是信息经济时代创新的重要来源，用户创新也是被企业广泛采用的一种创新模式，Hippel（1988）[4]较早地关注了这点。董洁林和陈娟（2014）[68]、陈佳丽等（2019）[69]等也都通过案例分析，深入研究了用户在产品创新中的作用机制。阮平南和赵宇晴（2017）[37]提出了一种基于开放式创新社区的用户需求识别方法，认为针对用户需求的分布情况推出相应的产品研发策略，并以小米社区为例实证检验了方法的可行性和有效性。

从上面的分析可以看出，无论是生态系统还是社区，实质上都是基于网络形态的，Wang 等（2017）[58]甚至强调初创企业就建立在关系网络上。网络可以说是开放式创新运行的基础条件，如何结网以及网络的动态演化便成为研究重点。Vanhaverbeke 和 Cloodt（2006）[70]、江积海（2009）[71]从价值网络的视角研究企业创新合作，探讨网络构建的影响因素与动态演化。彭华涛和Bert Sadowski（2014）[72]揭示了开放式创新网络与战略网络、商业生态系统的关联性及内在逻辑，运用案例分析发现，开放式创新网络的形成及演化取决于战略网络的类型和动态变化趋势以及商业生态系统中核心物种的生态位进化。张明（2015）[73]围绕开放式创新网络知识共享行为的机制、绩效、博弈等展开了系统分析。牟绍波等（2013）[74]将开放式创新的作用机理运用到具体行业发展上，探讨了开放式创新下装备制造业创新能力升级路径。于开乐和王铁民（2008）[75]探讨了基于并购的开放式创新对于企业自主创新的影响，认为前提条件是：第一，被并购方知识积累大于并购方或与并购方原知识积累形成互补；第二，并购方有能力整合来自被并购方的创意，使外部创意内化为以开发新产品为表征的内生创新力量。

（1）企业的开放式创新模式及选择。

盛济川等（2013）[62]在 Gassmann 和 Enkel 的研究基础上，将内向开放式创新的市场拉力路线图（MPRIOI）和外向开放式创新的技术推力路线图（TPROOI）进行了整合，探讨了不同阶段下企业应采取的创新组织模式。马文甲和高良谋（2014）[76]归纳了保守型、技术创新型、市场扩张型和双元型四种开放式创新模式，借助案例揭示企业在不同发展阶段对开放动机的选择和开放模式转变的要求，从而建立了开放式创新模式的动态演化模型。黄速建等（2010）[77]认为企业技术创新模式应兼具开放性和系统性特征，借助系统支撑将外生要素转化为内生能力，提出了过程参与型转化机制、资源输入型转化机制和双向反馈型转化机制三大转化路径。不同模式往往在开放度方面会存在较大差异，也会对选择产生影响。陈劲和吴波（2012）[78]对 213 个装备制造业企业为样本进行统计和曲线拟合得到了在不同模式下开放度与外部关键资源获取之间的关系。合作化开放度对新技术获取和专用性互补资产获取都呈现不同形状的倒"U"形关系，市场化开放度对新技术获取也呈现倒"U"形关系，但是对专用性互补资产呈现直线下降关系。统计结果有助于企业对照自身情况选择适当的合作模式和开放度以有效获取外部关键资源。陈钰芬（2009）[79]以 U－A 模型为基础，分析不同产业的企业在技术创新不同阶段关键的外部创新要素，并实证验证各外部创新要素对创新绩效的影响。企业内部能力和不同开放模式之间存在交互效应，不同特质的企业应采取不同的开放模式（陈钰芬，2014）[80]。

（2）开放式创新与企业能力。

要有效实施开放式创新，需要识别、利用和开发外部创新资源，因此企业能力需求发生了较大转变。例如，Ulrich 和 Eckhard（2010）[81]构建了一个基于能力的框架，结合开放式创新过程识别出创造、吸收、变革、连接、创新和吸附六种知识管理能力。吸收能力虽然是由 Cohen 和 Levinthal（1989）[5]率先提出，却被其他学者所采用，与开放式创新建立联系，被视为一种基础能力而受到关注。Zobel（2017）[82]就从吸收能力的视角探讨了开放式创新如何构建企业竞争优势。吸收能力内涵在开放式创新情境下得以进一步深化，可以从过程动态性、学习特点、知识与网络组合属性以及路径特点四个方面进行拓展（葛沪飞等，2010）[83]。陈劲等（2011）[84]系统考察了影响企业吸收能力的因素，实证发现企业在社会网络中的位置、企业获取外部知识的渠道、企业与外界联系的频繁和密切程度，是企业潜在吸收能力的关键因素；企业社会资本的关系维度、企业外部知识属性对实际吸收能力有重要影响。

（3）开放式创新与中小企业。

迄今为止，开放式创新研究主要集中在高科技和跨国企业的创新实践上（Vrande 等，2009）[85]，对中小企业的研究被排除在主流之外（Lee 等，2010）[86]。这似乎跟传统创新观点很一致，大型企业才有能力从事创新。尤其是应瑛等（2018）[11]提出的"与狼共舞"悖论后，更容易加深中小企业正面临更大挑战的印象。虽然中小企业与大型企业在开放式创新实践中存在较大差异，如资源流动方向、预期目标短期、缺乏稳定性、创新重点集中在商业与市场等（张震宇和陈劲，2009）[87]。但 Vrande 等（2009）[85]研究表明，中小企业正积极参与到开放式创新实践。Lee 等（2010）[86]归纳了中小企业在开放式创新实践上的特点，认为中小企业开放式创新的潜力较大，建议加大能促进创新的中介投入以构建创新网络。

（三）关于开放式创新与创新绩效的研究

开放式创新活动能否转化为产出一直为人们所关注（Zobel，2017）[82]。通常认为，开放式创新主要是通过获取市场信息资源和技术资源，以弥补企业内部创新资源的不足，进而提高创新绩效（陈钰芬和陈劲，2009）[88]。通过系统地开放创新的边界，就能提升创新绩效（Rigby 和 Zook，2002）[89]。事实上，从开放式创新的内涵与运行来看，开放式创新是具有网络化联系、多元化主体、多元化实施路径的特征，绩效影响逻辑不是单向直线式，恰恰相反，影响因素不仅多样化，且机理存在较大差异性。童红霞（2021）[90]采用问卷调查，对知识共享、开放式创新、知识整合能力和创新绩效之间的相互关系和开放式创新、知识整合能力的中介效应进行了实证检验，发现开放式创新不仅对创新绩效具有显著的正向影响，而且还对知识共享与创新绩效之间的关系起到了中介效应。

关于创新开放度异质性的影响分析。王金杰等（2018）[91]实证检验了互联网与企业创新绩效存在的正向影响，暗含了开放度与创新绩效间的正向联系。但陈劲和刘振（2011）[92]实证研究表明，对科技驱动型（STI）的企业来讲，开放的广度和深度与创新绩效都存在着类似倒"U"形的关系。闫春（2014）[93]、闫春和蔡宁（2014）[94]利用大样本问卷调查数据，对创新开放度与开放式创新绩效之间作用机理进行实证检验与修正，认为创新导向和商业模式起到了重要的中介作用，但在作用机理上存在较大差异。

关于开放式创新模式异质性的影响分析。张振刚等（2015）[95]利用问卷调查数据，考察了内向型开放式创新、外向型开放式创新对创新绩效的影响及吸收能力在其中的中介作用，姚艳虹等（2017）[96]从企业竞争力视角开展了类似研究。姚艳虹等（2017）[96]深入探讨开放式创新对培育企业竞争力的作用机理，并基于企业问卷调查数据进行实证检验，研究表明内向型与外向型的开放式创新对企业竞争力都有正向影响，知识动态能力在开放式创新与企业竞争力间发挥完全中介作用，而伙伴机会主义分别负向调节内向、外向型开放式创新与企业竞争力的关系。

关于合作创新异质性的影响分析。江积海和蔡春花（2014）[97]归纳出联盟组合的企业（点）、关系（边）和网络（网）三个层面上的六个结构特征要素，包括资源多样性（数量）、资源异质性（质量）、开放广度（数量）、开放深度（质量）、结构强度和耦合机制，并基于案例分析发现，六个结构特征要素与创新绩效之间呈正相关关系。岳鹄等（2018）[98]认为，开放式创新情境中，合作伙伴的异质性、网络关系对企业创新绩效有影响，利用284份有效问卷进行实证检验，发现合作伙伴的组织类型差异、技术能力差异与开放式创新绩效呈倒"U"形关系，目标差异对创新绩效有负向效应。陈晓红等（2016）[36]、王海花等（2012）[99]等从知识共享的维度来探讨相关影响因素。

关于企业自身能力异质性的影响分析。陈艳和范炳全（2013）[100]将开放式创新能力分解为发明能力、吸收能力、变革能力、连接能力、创新能力和解吸能力，运用结构方程建模实证检验了中小企业各种能力对创新绩效的影响，研究表明，发明能力、吸收能力、连接能力和创新能力对中小企业的创新绩效具有显著正向影响，而变革能力和解吸能力对创新绩效的影响不显著。曾江洪、杜琨瑶和李佳威（2021）[101]研究以 2014～2018 年信息技术行业的创业板上市公司为样本，研究财税政策对企业开放式创新绩效的影响效果及作用机制，发现创新补贴与税收优惠均可以提升企业的开放式创新绩效，但在不同规模企业的效果存在差异，创新补贴更适合大企业，税收优惠则更适合小企业，这意味着不同规模企业能力对开放式创新绩效的影响存在差异。

关于产业发展、行业与区域异质性的影响分析。陈劲（2013）[29]实证发现，在不同的集聚程度下，产业集聚对创新的影响存在区别：集聚程度较低时，专业化集聚有利于创新，而多样化集聚抑制创新；相反地，集聚程度较高时，专业化集聚不利于创新，而多样化集聚促进创新。此外，企业开放式的创新战略能够有效提高多样化集聚对创新绩效的影响。Wang 等（2015）[102]通过对高科技企业进行大规模调查发现，建立完善的外部连接渠道的能力提高了内向型开放式创新在实现卓越绩效方面的效率。王智新和赵景峰（2019）[103]利用 2013 年世界银行公布的中国企业微观数据库，实证分析开放式创新、全球价值链嵌入对技术创新绩效的影响，发现开放式创新显著增强了企业技术创新绩效，开放式创新与全球价值链嵌入的交互作用显著增强技术创新绩效，但具有显著的行业异质性和区域异质性。

关于企业生产管理异质性的影响分析。姚铮等（2013）[104]深入研究企业开放式创新中营销与技术两类关键资源及其交互效应对新产品开发风险与市场绩效的影响机理，并运用 115 家制造业开放式创新企业的实地调研数据进行实证检验，发现营销资源对新产品开发风险没有明显影响，但对新产品市场绩效有正向边际递减的影响；技术资源对新产品开发风险有负向边际递减的影响，而对新产品市场绩效有正向边际递减的影响；营销资源与技术资源的交互效应对新产品开发风险存在负向边际递减的影响，但对新产品市场绩效没有显著影响。曹勇等（2018）[105]认为产品创新绩效在模糊前端就基本确定了创新绩效，在创新预开发阶段更为开放性的创新管理有助于提升创新绩效，并以问卷调查形式实证检验了众包战略与模糊前端对产品创新绩效的影响。

关于企业文化异质性的影响分析。陈衍泰（2007）[106]借助开放式创新理论分析企业开放式创新文化支持度对于中小企业的市场导向的影响，并进一步按照创新程度区分突变性创新与渐进性创新，探讨市场导向对于创新绩效的影响程度。通过来自江浙沪闽四地的 241 家中小高新技术企业的数据，结合结构方程建模（SEM）进行实证研究。结果表明，这些区域的中小高新技术企业开放式创新文化与企业的市场导向，对于不同的创新程度的绩效影响程度不同。

（四）文献评述

通过对上述文献梳理发现，国内外多位学者从多个角度对开放式创新展开了深入探讨，且取得了丰硕的成果。但也需注意到，从整体上看，目前的研究还存在以下几点不足。

第一，理论研究总体较为碎片化，未能形成完整系统的理论体系。目前的研究成果虽然很多，但很难通过一条线索串联起来，进而形成一个系统化的开放式创新理论体系。部分学者运用"开放式创新理论"这样较为专业的名词，但相对于其他理论体系而言，这仅仅用来囊括相关联的研究，很难说清楚"开放式创新理论"的基本观点、内在逻辑机理，起码尚未建立统一的认知框架和分析框架。部分学者将开放式创新视为一个生态体系，但从学理来看，也仅仅是试图从经济现象上来归纳总结概念内涵，丰富补充了关于开放式创新"是什么"这个问题的研究与认识，而关于"为什么"的探讨却非常少，更多的是基于经济技术的时代背景阐述开放式创新产生的过程。

第二，研究主要集中在创新管理领域，缺乏关于开放式创新形成的经济机理上的研究。从发表的期刊、研究视角、研究方法来看，大部分文献都发表在管理类期刊，研究的视角基本也是基于优化企业创新管理，实证检验方法以问卷调查居多。部分文献虽试图深入探讨开放式创新的微观机制，但也主要是集中在企业的具体实施上，如考察企业实施开放式创新的运行机制、企业不同发展阶段与策略选择、企业能力构建等，且较少运用已有的经济理论进行分析解释，鲜少看到基于资源分配视角或成本收益视角对开放式创新展开分析研究，尽管微观经济理论中较多理论与方法可用于相关研究。因此，关于企业开放式创新的研究中，我们可以看到的依旧是关于这是什么、具体怎么做、有什么影响等问题的研究，而对于事物的本质以及其背后产生的规律性的认识缺乏探讨，尤其是关于开放式创新背景下的治理问题更需要从经济视角深入探讨。

第三，开放式创新概念内涵的拓展以及理论价值与现实意义的提升还不够。开放式创新的概念定义，可简单地理解为利用企业内外部创新资源。但要有效利用内外部创新资源，则需要妥善处理其中的产权、价值分配、激励机制等治理问题。开放式创新情境下，还涉及开放与知识产权保护悖论议题，通常认为合作开放度与知识产权保护负相关，这也暗含了技术领导者的战略选择是加强产权保护减少知识溢出还是不断创新合作保持领先地位。进一步可将该问题延伸至国家发展层面，在后发国家追赶先发国家过程中，加大产权保护还是加大创新合作力度直接影响到发达国家是否会采取利用知识产权保护机制刻意压制后发国家发展。在当前全球贸易主义抬头势头之中，发达国家采取知识产权保护机制等非关税壁垒，对后发国家形成了较大的挑战。

第二章 开放式创新的微观形成机制

一、基于问题求解视角的企业决策机制分析

创新是个复杂的过程（Rothwell，1977；Link 等，1983；Kline 和 Rosenberg，1986；Rothwell，1994）[107-110]。关于创新的研究，常将创新视作"黑箱"。熊彼特关于市场结构、企业规模与创新的关系论述，进行了大量的实证检验，而关于创新过程的探讨往往被忽视（Kline 和 Rosenberg，1986）[109]。Dasgupta 和 Stiglitz（1980a）[111]在研究市场结构与创新活动特征间的关系时发现，当前的创新研究缺乏合理精确的微观经济基础。类似情形同样发生在开放式创新研究领域，大部分文献将开放式创新的形成视作"黑箱"，企业的决策机制并不清晰。为此，本章试图从微观经济视角入手，探讨企业开放式创新的基本决策机制。

（一）创新的内涵、不确定性与资源获取

（1）创新的内涵。

熊彼特1911年出版专著《经济发展理论》①，率先提出创新经济理论。

---

① Joseph Alois Schumpeter. 经济发展理论——对于利润、资本、信贷、利息和经济周期的考察 [M]. 何畏，易家详，译. 北京：商务印书馆，2009.

熊彼特将生产定义为运用一定的方法将原材料和力量进行组合。因此，经济范畴的创新就是形成新的组合，熊彼特从新产品、新方法、新市场、新供应、新制度五个维度归纳总结了五类创新①。随后专家学者不断充实丰富创新理论，龙静（2001）[112]就认为创新概念处于动态发展中，因研究内容而各有侧重，目前定义的发展趋势是"创造新事物"与"新思想转化为产品与服务"及"财富创造能力"相整合。本书研究重点不在于创新的理论定义，遵循熊彼特的观点，即创新是企业生产经营中运用一定方法将原材料和力量进行新组合。

（2）创新面临的最大问题是不确定性。

从单个创新来看，创新表现出不确定、无序、复杂。现代创新理论表明，创新并非是随机过程（Dasgupta 和 Stiglitz，1980）[111]，是具有系统性、规划性和目标性的经济活动，创新分布的行业性特征、规模性特征及区域性特征证实了这点②。近代产业革命的爆发以及创新在美国硅谷大规模出现，皆表明创新的出现亦遵循其固有客观规律。

（3）创新过程与资源获取。

为解决不确定性问题，创新可以通过试错方法逐步排除。比如，爱迪生试错了1600多种耐热材料后才找到了合适的发光材料，从而发明电灯。但试错法存在明显的成本约束和效率瓶颈，实际创新过程无法将所有的潜在选项逐一检验并排除，知识与资源储备就变得至关重要。知识与资源储备越大，选择最优路径的可能性也越大（Nelson，1959；Rosenberg，2004）[113,114]，创新不确定性往往与创新资源量成反比，创新者势必不断地从多个途径获取相关资源。无论是研发、生产，还是市场化，各创新环节都需要投入各类创新资源，并基于成本效率原则进行统筹规划，以实现创新项目所设定的目标。

---

① Schumpeter 在书中提及的五种情况分别是：一是采用一种新的产品；二是采用一种新的生产方法；三是开辟一个新的市场；四是夺取或控制原材料或半成品的一种新的供应来源；五是实现任何一种工业新组织。

② 否则创新不会在企业规模、产业、区域上表现出差异性，而是完全毫无规律地发生。现实以及理论实证表明，创新会集中在一定的区域、一定的产业以及适度的企业规模。

创新活动实现特定目标过程，本质上便是获取创新资源解决特定问题的过程。Von Hippel（1994）[115]认为为了解决问题，需兼具解决问题的能力与知识，这意指创新资源的获取、处理与应用。

（二）　基于问题求解的决策模型构建

创新与知识存在着密切关系，创新过程本身也是知识的获取、处理、运用和生成的过程，Arrow（1962）[8]将创新广泛的解释为知识生产。所谓的创新，即实现资源要素的新组合，这种新的组合本身就是知识。为便于论述，我们不妨将关注点聚焦到创新的核心资源——技术知识。

1. 基本分析单位的选择：问题求解

交易费用理论以交易作为分析企业性质的基本单位，而关于创新研究，长期以来都未建立有效的分析单元。在创新管理领域，虽然更多常以项目为分析单位，但这种做法忽略了更细微的分析单元——问题求解。所谓的问题求解（Problem - Solving）是指一个选择性试错的过程（Simon，1962）[116]，基于问题求解视角是对企业决策机制进行探讨的微观切入点。

根据系统论的观点，企业作为一个有机系统，由组成要素按照一定规则有机构成，生产经营活动遵循一定的时序规律，企业员工根据职能进行分工。无论是从企业构成还是劳动分工来看，企业都可以根据任务划分为多个模块，而每个模块又可以独立成为一个系统，从而又形成多个子系统。除了企业构成，在开发设计中，模块化思想在现代科技发展中已被广泛地应用，尤其在信息技术领域尤为常见，比如各种工具包。Baldwin 和 Clark（2000）[117]便以IBM公司的360系统开发为案例，对模块化现象进行系统的理论分析。根据（Simon，1962）[116]的观点，复杂系统是由诸多部分以非简单方式相互作用组成的系统，要认识整个系统，需要认识其中的各子系统以及各子系统内部和彼此间的相互关系。在产品设计中，模块化思想也非常普遍。现代电子商务的发展，对产品模块化也产生了极大促进作用，为便于运输组装，产品被设计成可分离却可有机组成的模块。这提醒我们要认识企业决策机制，从模块划分角度进行探讨是较好的微观切入点。

模块划分的内在逻辑是问题或功能导向，即旨在解决一个具体的问题或具备某种特定功能。Simon（1962）[116]在论述了复杂系统的形成后，认为复杂系统可以分解为各种子问题，然后构建了一个基于问题求解视角的选择性试错过程。Nickerson和Zenger（2004）[118]以Simon的理论为基础，将问题作为基本分析单位，探讨了问题的复杂性对搜索问题解决方案的最优方法和组织搜索的最佳手段的影响。这里的组织搜索的最佳手段意指治理机制，而问题求解方案简化为"知识的自制或购买"。

基于问题视角的认知观点是在人类有限理性的前提下，将问题导向视作抓住事物本质线索的一种基础性的思维，也是企业生产经营过程中常用的一种方式。问题导向作为认识事物的工具，可以去繁就简忽略基于系统观的各组成部分的相互关系，简化了事物内在的逻辑机理，便于对事物进行微观考察。Kirsten和Nicolai（2002）[119]强调当复杂系统是可分解时，理解复杂系统的认知问题会被缓和，将复杂系统分解为各项子问题，就可以降低信息交换（协调成本）和知识重叠。这暗含了问题求解完全可纳入经济分析范畴。

2. 企业创新决策模型构建

为了建立分析模型，假设如下：一是问题求解的目标是获得相应的技术知识。二是企业技术获取策略集为"自主研发"和"外部引进"（部分文献分别用"自制"和"购买"来表达），后者属于开放式创新策略。三是企业创新过程面临的问题集合已知。企业选择"自主研发"还是"外部引进"的主要决定性因素是问题求解所需技术的获取成本，企业决策机制转化为基于成本收益原则。获取成本主要取决于哪些因素？基于一般价格理论，产品的价格主要取决于生产成本、供给、需求，技术知识也是如此。

关于技术知识的生产成本问题。技术知识生产明显受两个因素的影响，分别是逻辑性和规模。技术知识生产首先面临的是事物联系的内在逻辑性，即通常所说的复杂度。不仅如此，技术知识生产还面临事物联系的频率问题，相匹配的概念即技术知识的规模。为了便于对技术知识生产进行讨论，本书将技术知识生产特性刻画为复杂度和规模。

关于技术知识的供给问题。技术知识跟普通商品不一样,技术知识其价值主要体现在应用上,而非消费效用。通常来说,应用越广泛的知识,供给也会越充足。也就是说,越是普遍性的问题,相应的技术知识供给越多。例如,当问题涉及共性技术时,此类技术多属于基础性研发,供给方通常以高校、独立科研机构等为主,获取难度不大,甚至可能已在公开发行的出版物上提供了。专业设备市场常被视作有形知识供给,观察专业设备市场容易发现,其供给规模与有形知识的独特性程度成反比,即:越是专用型设备,供给越少;而越是通用设备,供给会越多。因此,这种知识的独特性是影响技术知识供给的重要因素。

基于上述分析可知,问题求解成本首先取决于相应技术知识的特征,知识的复杂程度、规模、独特性是决定其生产成本的主要因素。技术知识主要用于问题求解,技术知识的特征同样要与问题的性质对应。Nickerson 和 Zenger (2004)[118]就认为问题的复杂性影响问题求解方案搜索的最优方法和组织搜索的最优手段,即问题复杂性对问题求解产生直接的影响。对应于技术知识特征,问题性质也可以从三个方面进行刻画,分别是可细分性、规模和独特性。从认识复杂系统的角度出发,系统的可模块化程度,往往决定了系统的复杂程度,因此不妨用问题的可细分程度来衡量问题的复杂程度。另外,问题还存在独特性,即便是较为复杂的问题,但若问题较为普遍,通常相应技术知识也易于获取。因此,本书认为问题的性质主要从可细分性、规模和独特性三个维度进行考量,下文从这几个方面探讨问题性质对企业策略选择的影响。

为了直观考察企业决策,不妨设策略集为 s = (in, ex),in 为"自主研发",ex 为"外部引进"。企业的策略选择应该满足如下约束:

$$minC = prob(in) \times c_{in}(div, sca, uni, cap) + prob(ex) \times c_{ex}(div, sca, uni, cap)$$
$$s. t \ prob(in) + prob(ex) = 1 \tag{2-1}$$

其中,C 为所需技术知识的获取成本,prob 为策略概率,c_{in}、c_{ex} 分别表示技术知识"自主研发"和"外部引进"的成本，div 为问题的可细分性、sca 为问题的规模、uni 为问题的独特性、cap 为问题求解主体的能力。根据式（2-1），可以推断策略选择概率的均衡解是 div、sca、uni 和 cap 的函数，即有 prob（s）* = F（div，sca，uni，cap）。

（1）问题的可细分性。可以不断细分的事物，无疑会降低其复杂性。以计算生产而言，尽管现代计算机构成非常复杂，但计算机是可高度模块化的产品，非专业型人士自行购买中央处理器、图形处理器、内部存储器、外部存储器、显示器、连接器等亦可以组装电脑。对于企业而言，若全部零部件供应可以保障，则厂家只需聚焦组装环节，即可以从事计算机生产。管理复杂系统或解决复杂问题的唯一办法是将系统或问题分解。为更好地理解问题，人们甚至提出知识粒度①的概念，其目的是将问题划分为一系列可批量处理的子问题，以便有效地解决实际问题，大幅降低计算的复杂度（菅利荣等，2004）[120]。也就是说，若问题可细分程度较高，则其中复杂问题可借助外部力量快速解决，行为主体则只需解决简单问题；反之，若可细分程度较低，则不得不仰赖自身能力来解决。因此，问题可细分程度越高，则会越倾向于"外部引进"；相反地，行为主体会更倾向于"自主研究"。故 $\frac{\partial \mathrm{prob}(\mathrm{ex})^*}{\partial \mathrm{div}} > 0$ 和 $\frac{\partial \mathrm{prob}(\mathrm{in})^*}{\partial \mathrm{div}} < 0$ 成立。

（2）问题的规模。问题的规模是从事物内部联系的数量维度进行考量。正是由于规模经济效应的存在，促进了劳动分工、行业分工的出现。Baldwin 和 Clark（2000）[117]认为将制品由简单到复杂排列会出现两个有意思的点：①单一个人无法制造某种制品的点；②单一个人无法理解某种制品的点。也就是当复杂程度超过第一个点时意味着劳动分工，而超过第二个点时则意味着知识和努力上的分工，即问题的求解需要不同层面的协作才得以完成。现

---

① 知识粒度（Knowledge Granularity），又称为信息粒度（Information Granularity），是一个对象的集合，这些对象因为相似性、功能相近、不可分辨性而被聚合在一起，目前国内的研究不多。知识粒度是模块化理论的有效工具，广泛地应用于科学计算。

代产业发展经历了一个明显的产业内分工不断深化的过程，这在汽车、飞机、手机等复杂制品行业方面表现得尤为明显。一方面，产品生产仰赖众多零部件供应商；另一方面，企业在掌握了核心技术的基础上，将设计、制造、销售、售后等环节外包。由此可以看到问题求解面临非常大的知识规模对企业策略选择有着直接的影响。问题的规模越大，相应所需知识的规模也越大，经济主体越会倾向于"外部引进"；问题的规模越小，经济主体越会倾向于"自主研发"。因此有$\frac{\partial \text{prob}（\text{ex}）^*}{\partial \text{sca}} > 0$、$\frac{\partial \text{prob}（\text{in}）^*}{\partial \text{sca}} < 0$ 成立。

（3）问题的独特性。从供给方面看，独特性程度与问题求解所必需技术知识的获取难度成正比。问题的独特性主要影响技术知识的供给，越是普遍的问题，供给会越多，企业也会越倾向于"外部引进"；越是独特的问题，供给会越少，企业也越倾向于"自主研发"。不仅如此，问题的独特性由于涉及专用性问题，容易引发"敲竹杠"行为，企业往往更愿意寻求"自主研发"。因此有$\frac{\partial \text{prob}（\text{ex}）^*}{\partial \text{uni}} < 0$、$\frac{\partial \text{prob}（\text{in}）^*}{\partial \text{uni}} > 0$ 成立。

归纳总结关于问题的性质对企业决策的影响，形成如表 2 - 1 所示的关系表。

表 2 - 1　问题的性质与问题求解策略的选择

策略选择倾向 问题性质	自主研发	外部引进
可细分性	负相关	正相关
规模	负相关	正相关
独特性	正相关	负相关

3. 模型分析与理论意义

基于上述技术知识供需逻辑，建立了一个简单的分析框架，从而得以探讨了创新自身的性质特点与企业策略选择的关系。由于模型无法定量分析，无法求得均衡解。而且由于信息悖论的存在以及创新不确定性，市场并不能对所有的技术知识实现定价，也无法保证均衡解的存在。尽管如此，但从经济视角建立了开放式创新的微观分析机制，这是非常重要的。一方面，根据这个模型，我们可以判断，当面对一个创新项目时，经济主体首先需要考虑三个问题：自身技术能力、基础条件和外部支撑，即是否满足创新的技术要求、是否具备实现条件以及外部替代方案的可得性。另一方面，由于企业决策机制涉及企业性质，这对深化企业边界认识具有重要意义。

根据系统论的思想，企业创新完全可以视作问题的集合，若把全部问题进行汇集，可以发现企业创新过程中技术知识的性质特征。假设企业创新面临的问题数量共 n 个，分布于设计、研发、制造与市场四个环节，其中各环节面临问题数分别为 i、j−i、k−j、n−k，即问题集为 Q = $\{q_1\cdots q_i, q_{i+1}\cdots q_j,$ $q_{j+1}\cdots q_k, q_{k+1}\cdots q_n\}$，其中，Q 为问题集合，$q_m$ 为第 m 个问题。根据上述问题性质与企业策略选择间的关系，企业每个问题相应的策略选择的概率为 prob $(s_m | q_m)^* = F(div_m, sca_m, uni_m, cap)$。若问题求解数量 n 视为连续的，根据 prob $(s_m | q_m)^* = F(div_m, sca_m, uni_m, cap)$ 函数，我们可以获得这 n 个问题对应的概率，并用平滑的曲线相连。为更为直观，我们利用 Excel 工具的随机函数 rand 生成了一组数据，作为自主研发概率，构建图形如图 2−1 所示。图 2−1 的横轴表示问题集，纵轴表示自主研发概率，运用平滑曲线连接，形成企业知识分界线。曲线以下表示自主研发概率分布区。由于 prob (in) + prob (ex) = 1，因此曲线以上可解读为外部引进概率分布区。当曲线上的点低于 50% 的策略选择分界线，意味着对应的问题会更倾向于外部引进策略；反之，若高于分界线，则会倾向于自主研发。本书认为，这是企业创新所面临的技术知识边界。类似的知识边界也有其他学者提出，如罗珉和王雎（2006）[121]认为知识边界是由分布式知识构成，是一种呈粒状分布的、不连续的、不规则的无形边界。

企业知识边界的存在对于探讨开放式创新的形成机制具有重要意义。开放式创新强调创新资源的跨界流动，暗含边界是基于产权所形成的一种静态、有形的实体边界。然而根据本文的论述，边界可以是基于创新过程所形成的

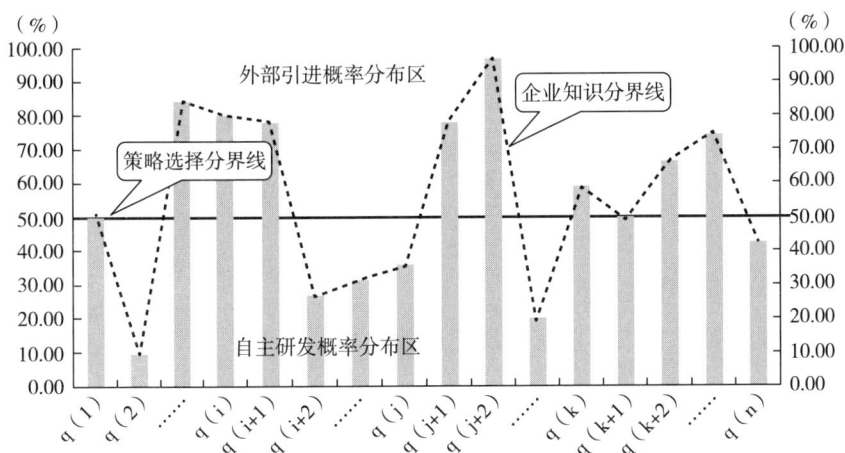

图 2 - 1 企业知识边界

注：图中的数据为随机生成。

动态、无形的知识边界。所谓封闭式创新，即是企业知识边界整体高于50%分界线，而所谓的开放式创新，则是知识边界线低于50%分界线。现代开放式创新的形成过程，就是知识边界不断向下移动的过程。在现代信息技术的推动之下，问题的可细分性、规模和独特性均发生了显著变化，从而导致知识边界呈不断下移趋势。

问题的可细分性大幅提升。Badlwin 和 Clark 在《模块化时代的管理》一文指出"模块化对于产业结构变革具有革命性的意义，当今的产业已经进入模块化设计、模块化生产、模块化消费的模块化大发展时期"。将模块化思想运用最为彻底的应该是信息技术领域。可以说信息技术产业从发展之初，无论是硬件还是软件领域都体现了模块化设计思想。当前，模块化思想已经向各个领域拓展延伸，2020 年 3 月 27 日，中国远大科技集团设计制造的装配式医院在韩国组装。正是模块化思想的广泛应用，为劳动分工、产业内分工以及产业跨界融合提供了广阔的发展空间，直接提升了问题的可细分程度。

问题的规模增长是最为直观的。自20 世纪70 年代以来，全球复杂技术专利申请量增长就大幅快于离散技术专利申请量。在产品生产制造上，技术复杂度也提升了很多，一部智能手机可能涉及多达几十万项专利，一架客机则可能涉及多达数百万个零部件，即便是汽车产业也因集成了越来越多的先进技术与功能需求而日趋复杂。足见现代创新过程之复杂，知识需求规模之庞大，可以说任何企业或个人都无法在技术创新上做到驾驭自如。正是现代企业生产经营所面临的问题规模日益增大，推动创新模式由传统的封闭式创新向开放式创新转变。

问题的独特性被大幅缓解。现代通信技术是最重要推动力之一。现代通信技术快速发展进步，导致信息和知识的扩散效率不断提升，信息和知识共享也达到前所未有的高度，知识的可得性和易得性都大幅提升。现代工作生活已习惯遇到问题时借助谷歌、必应、维基百科、百度、搜狗等平台，快速获取相关知识或解决办法，或者是依托推特、Facebook、微信、QQ、知乎等社交平台，以及淘宝、京东、亚马逊、eBay 等购物平台来获取相关咨询信息，即便是企业级的需求，阿里巴巴商业平台、知识产权交易中心等实现对接。在互联网技术的支撑下，技术知识供给大规模增加，问题的独特性问题也被大幅缓解。

根据上述分析，可以看到 $\frac{\partial \mathrm{div}}{\partial t} > 0$、$\frac{\partial \mathrm{sca}}{\partial t} > 0$、$\frac{\partial \mathrm{uni}}{\partial t} < 0$ 成立。并结合 $\frac{\partial \mathrm{prob(ex)}^*}{\partial \mathrm{div}} > 0$、$\frac{\partial \mathrm{prob(ex)}^*}{\partial \mathrm{sca}} > 0$ 和 $\frac{\partial \mathrm{prob(ex)}^*}{\partial \mathrm{uni}} < 0$，可以判断导致 $\mathrm{dprob}(s_m = \mathrm{ex} \mid q_m)^* / \mathrm{dt} > 0$ 成立。即在技术进步的推动下，选择"外部引进"呈增加的趋势，表现在企业知识边界上，就是企业知识边界的下移。因此，关于开放式创新的形成，就由问题求解过渡到企业边界移动变化上来。

二、基于博弈视角的企业决策机制分析

上文通过考察创新过程中问题性质特点对企业决策的影响，深入分析了开放式创新形成机制，提出了企业知识边界问题。企业的决策虽主要依据成本收益原则进行，但成本收益的内涵广阔，影响成本和收益的因素非常多，比如市场竞争的策略安排。早在 20 世纪 80 年代，发达国家间便发生了大量的策略性行为——专利战，朱雪忠（1994）[122] 曾对日美间频繁的高技术专利战进行分析，强调未来产权领域竞争会更趋激烈。近年来，国际科技巨头也频频发起专利战以及所延伸的并购战，掀起了阵阵关于创新策略性行为的思潮。专利战作为企业在创新战略上的策略性行为，反映了开放式创新情境下，企业间在创新上的竞合关系。基于博弈视角，深入分析企业间在创新资源上的策略性行为，有助于更全面认识开放式创新的形成。为更全面地分析企业决策机制，需将不确定性、创新竞争、技术供给、技术/产品生命周期等因素纳入分析框架。

（一）创新的博弈行为及其研究

策略性行为的定义，最早来自于 Schelling 的著作《战略冲突》。Schelling 将其定义为一个企业旨在通过影响竞争对手对该企业行动的预期，使竞争对手在预期的基础上做出对该企业有利的决策行为（干春晖和姚瑜琳，2005；王俊豪，2008）[123 - 124]。企业策略性行为大体分为三类：围绕价格调整的短期行为；围绕产品、产能和企业边界的中期行为；围绕研发与创新的长期行为（干春晖和姚瑜琳，2005）[123]。

关于创新的策略性行为的研究，国外代表性的学者有 Scherer（1967）[125]、Kamien 和 Schwartz（1972，1976）[126 - 127]、Loury（1979）[128]、Dasgupta 和 Stiglitz（1980a，1980b）[111,129]、Lee 和 Wilde（1980）[130]、Reinganum（1981，1982）[131 - 132]、Brander 和 Spencer（1983）[133] 等，重点考察熊彼特关于市场结构、企业规模与创新间关系的理论观点，并取得了大量的成果。

从 20 世纪 80 年代中期开始，关于知识外部性的存在以及影响的认识逐步加深，学者们开始关注合作研发、合资研发与知识溢出之间的关系。如 Spence（1984）[134] 研究了知识外部性对 R&D 的激励问题，知识溢出效应直接体现在研发投资的增加上，将知识外部性的存在视作对自主研发的补贴。Spence（1984）[134]认为在考虑了市场结构的情形下，严格的知识产权保护（低溢出效应）、适当集中的产业结构对于创新是合意的；在溢出程度较大的情形下，通过适当的补贴也可取得较好的市场绩效，否则通过研发合作方式内部化知识溢出效应。Katz（1986）[135]、D'Aspremont 和 Jacquemin（1988）[136]以及 Kamien 等（1992）[137]等在 Spence（1984）[134]的基础上对合作研究的效应作了系统分析，并形成了"知识溢出—竞争—研发合作/合资研发"的研究范式。除了研究合作/合资，部分学者还开展了关于技术并购、专利购买等策略性行为的研究。这些基于知识溢出背景下的企业策略性行为研究，虽涉及外部知识流动，但外部知识获取模式是以外生变量方式存在的，也就是说这些理论实际上并未从知识获取选择的视角来考察企业策略性行为。

关于策略性行为的研究方法，主要是运用博弈论和信息经济学，通过纳什均衡来阐明企业的行为，分析在既定的初始均衡条件或状态下，如何运用策略性行为实现新的均衡（干春晖和姚瑜琳，2005）[123]。这种研究方法在寡占或垄断市场下现有企业间的竞争、在位企业与潜在进入企业间的策略行为、研发等方面的动态分析上取得了显著成效，使人们对复杂交易现象背后的动机和福利效果的理解达到了新的高度，其在理论上更具有说服力和严谨性（干春晖和姚瑜琳，2005）[123]。本书所谓的策略性行为主要是指企业为赢得创新竞争选择不同知识获取模式。

（二）理论分析框架

1. 基本假设

市场结构为双寡头市场，企业为 i 和 j，生产成本为 $\bar{c}$，产量分别用 q_i 与 q_j 表示，企业不存在联合研发或价格合谋。逆需求函数为 $D^{-1} = a - bq$，其中 q 为市场需求，且 $a>0$，$b>0$。k 为上游技术供应商，提供新技术可实现产品单位成本下降到 $\underline{c}$。存在知识溢出现象，溢出程度为 $\beta\left(1 \leqslant \beta \leqslant \dfrac{\bar{c}}{\underline{c}}\right)$。β 的取值与溢出程度成反比，$\beta = 1$ 代表完全溢出，$\beta = \dfrac{\overline{c}}{c}$ 代表完全不溢出。企业 i 和 j 可以通过外部引进或自主研发获取新技术，也可以"搭便车"，即知识的溢出。

企业面临的策略集合为 $S = \{$"搭便车" = 1、外部引进 = 2、自主研发 = 3$\}$。策略组合共有 9 个，支付矩阵如表 2 - 2 所示，其中 $\prod_n^{S_i S_j}$ 表示经济行为主体 n(= i/j/k) 在策略组合 (S_i, S_j) 下所获得的利润。企业为风险回避者，这意味着为降低不确定性，在同样条件下，企业会优先选择外部引进，而不是自主研发。自主研发面临研发周期和不确定性问题，该策略的支付无法直接给出，需要特别的设定。因此，在下述讨论中，本书采取了逐步演绎的方式，分阶段对企业的策略选择进行考察。

		企业j		
		"搭便车"	外部引进	自主研发
企业i	"搭便车"	$(\prod_i^{11},\ \prod_j^{11})$	$(\prod_i^{12},\ \prod_j^{12}-\prod_k^{12})$	$(\prod_i^{13},\ \prod_j^{13})$
	外部引进	$(\prod_i^{21}-\prod_k^{21},\ \prod_j^{21})$	$(\prod_i^{22}-\dfrac{\prod_k^{22}}{2},\ \prod_j^{22}-\dfrac{\prod_k^{22}}{2})$	$(\prod_i^{23}-\prod_k^{23},\ \prod_j^{23})$
	自主研发	$(\prod_i^{31},\ \prod_j^{31})$	$(\prod_i^{32},\ \prod_j^{32}-\prod_k^{32})$	$(\prod_i^{33},\ \prod_j^{33})$

图 2 - 2　支付矩阵

2. 创新竞争 I

(1) 对"搭便车"策略的分析。

为了简化分析，暂不考虑自主研发策略和技术供给约束。

策略组合 (1，1) 情形下，只有溢出效应，产品成本由 $\overline{c}$ 下降到 $\beta \underline{c}$，市场结构不变，$\prod_i^{11}(\beta \underline{c}, \beta \underline{c}) = \prod_j^{11}(\beta \underline{c}, \beta \underline{c})$。从市场绩效来看，(1，1) 策略组合会带来均衡产量的增加、价格的下降以及利润的增加，知识溢出是合意的。溢出效应表明，较多学者关于知识溢出和放松专利保护有利于技术扩散的观点是存在合理性的。

"搭便车"是否为占优策略? 进一步分析得出否定的结论。若 i 选择外部引进时,其生产成本变为 $\underline{c}$,我们很容易可以推导出 $\prod_i^{21}(\underline{c},\beta\underline{c}) > \prod_i^{11}(\beta\underline{c},\beta\underline{c})$,$\prod_i^{22}(\underline{c},\underline{c}) > \prod_i^{12}(\beta\underline{c},\underline{c})$ 以及 $\prod_i^{22}(\underline{c},\underline{c}) > \prod_i^{11}(\beta\underline{c},\beta\underline{c})$[①] 成立,与技术引进相比,"搭便车"显然不是企业的占优策略,(1,1)、(2,1)和 (1,2) 都非纳什均衡,(外部引进,外部引进) 是纳什均衡。

(2) 存在供给约束时的均衡。

经济社会的技术供给并非充分的,是存在约束性的。约束性表现为两个层面,一是所需技术是否存在,二是所需技术是否市场可得。正是技术供给的非充分特征,导致技术供给租金的存在,也就是说技术供给面临独占性供给与充分供给的选择。中国国家专利局统计数据显示,我国专利许可方式以独占性许可、排他性许可为主,二者占专利市场 90% 以上。知识技术资源供给的独占性和稀缺性特征非常显著,这也是知识交易与普通商品交易的主要差别之一。

策略组合 (2,2) 虽然可以成为纳什均衡,但在考虑技术供给约束的时候,不一定是有效纳什均衡。在充分供给条件下,由于企业双方预测对方都会实施技术引进,因此为获取技术愿意支付最大成本为 $\prod_i^{22}-\prod_i^{12}$ 或 $\prod_j^{22}-\prod_j^{21}$,技术供给方 k 可获得的最大支付为 $\prod_k^{22}=2(\prod_i^{22}-\prod_i^{12})$,这是充分供给最大化收益。在独占性供给条件下,企业为获取技术愿意支付最大成本为 $\prod_i^{21}-\prod_i^{11}$,k 可获得的最大支付为 $\prod_k^{21}=\prod_i^{21}-\prod_i^{11}$,这是独占性供给最大化收益。两种组合下,知识供给方所获得的支付之差为:

$$\prod_k^{22}-\prod_k^{21}=\prod_i^{22}+\prod_j^{22}+(\prod_i^{11}-\prod_i^{12})-(\prod_i^{21}+\prod_i^{12}) \qquad (2-2)$$

为了讨论其符号,考虑需求函数 $p=a-bq$,则式 (2-2) 相应的表达式为:

---

① 不等式的成立可以视作整个社会的平均成本下降。在市场曲线不变的条件下,技术进步带来社会总体福利的增加,消费者剩余和生产者剩余都会增加。

$$\Pi_k^{22} - \Pi_k^{21} = \frac{4\underline{c}(\beta-1)(a+\underline{c}-2\beta\underline{c})}{9b} \qquad (2-3)$$

获得如下分段不等式：

$$\begin{cases} \text{I}.\ \Pi_k^{22} - \Pi_k^{21} > 0,\ \beta < \dfrac{a+c}{2\underline{c}} \\[2mm] \text{II}.\ \Pi_k^{22} - \Pi_k^{21} = 0,\ \beta = \dfrac{a+c}{2\underline{c}} \\[2mm] \text{III}.\ \Pi_k^{22} - \Pi_k^{21} > 0,\ \beta > \dfrac{a+c}{2\underline{c}} \end{cases} \qquad (2-4)$$

把 a、$\underline{c}$ 视作已知，$\underline{c}$ 代表了知识应用价值的大小，上述不等式成立条件及含义如下：

$1 \leqslant \beta \leqslant \dfrac{\bar{c}}{\underline{c}}$ & $\dfrac{a+c}{2\underline{c}} > \dfrac{\bar{c}}{\underline{c}}$ 满足时，不等式 I 成立，意味着技术供给方 k 会选择充分供给结构，（2，2）为有效纳什均衡。条件 $\dfrac{a+c}{2\underline{c}} > \dfrac{\bar{c}}{\underline{c}}$ 是否成立取决于$\underline{c}$的大小。显然$\underline{c}$越大的话，不等式越容易成立。$\underline{c}$暗含技术的价值与价值成反比。也就是价值越小的技术，技术供给越会倾向充分供给。

$\dfrac{a+c}{2\underline{c}} < \dfrac{\bar{c}}{\underline{c}}$ & $1 < \beta \leqslant \dfrac{a+c}{2\underline{c}}$ 满足时，不等式 I 与 II 式成立，k 同样会选择充分供给，此时（2，2）确保纳什均衡稳定。

$\dfrac{a+c}{2\underline{c}} < \dfrac{\bar{c}}{\underline{c}}$ & $\dfrac{a+c}{2\underline{c}} < \beta < \dfrac{\bar{c}}{\underline{c}}$ 满足时，式（2-4）的第 III 不等式成立。β 与溢出程度成反比，说明知识溢出会成为诱发技术供给策略改变的重要因素。知识溢出程度较低时，企业会选择独占性供给；反之，会选择充分供给。而且容易证明 $\dfrac{a+c}{2\underline{c}} \leqslant \beta < \dfrac{\bar{c}}{\underline{c}}$ 成立时，暗含技术的应用价值高和知识溢出程度低，此时满足垄断定价条件。

综合上述分析，得到如下观点：

观点 1-a：若技术应用价值不高 $\left(\dfrac{a+c}{2\underline{c}} > \dfrac{\bar{c}}{\underline{c}} \right)$，充分供给成为最优供给

策略。

观点 1 - b：若技术应用价值高 $\left(\dfrac{a+c}{2\underline{c}}<\dfrac{\bar{c}}{\underline{c}}\right)$，但知识溢出程度高时 $\left(1<\beta\leqslant\dfrac{a+c}{2\underline{c}}\right)$，充分供给会成为供给策略。

观点 1 - c：若技术应用价值高 $\left(\dfrac{a+c}{2\underline{c}}<\dfrac{\bar{c}}{\underline{c}}\right)$、知识溢出程度低 $\left(\dfrac{a+c}{2\underline{c}}<\beta<\dfrac{\bar{c}}{\underline{c}}\right)$，独占性供给会成为供给策略，同时也导致了垄断。

(3) "搭便车"是劣策略？

"搭便车"与外部引进策略的比较分析表明，"搭便车"虽然实现了技术获取成本的节约，同时也实现了技术进步，但企业为避免陷入市场竞争劣势，往往会主动寻求技术上的更新换代，主动获取技术的策略对于"搭便车"而言是占优策略。在这个意义上，"搭便车"在博弈中是严格劣策略而被排除。

事实上，现实中也没有绝对的"搭便车"行为，知识溢出虽不可避免，但企业还存在知识吸收、消化环节，企业技术购买和自主研发才是企业寻求技术更新的主要途径。下文不再将"搭便车"视作一项单独预测策略进行论述，知识溢出作为一个外生变量，纳入技术引进和自主研发策略选择的考察之中。

3. 创新竞争Ⅱ

企业技术获取策略的选择，面临技术的可获取性问题。企业从事创新时，技术购买策略的实施面临很大的局限性。一旦技术购买策略无法实施，企业只能选择自主研发或者退出市场。为方便分析，这里暂不考虑技术周期存在性，即无技术更新。

假设 i 为在位者企业，通过外部引进率先独占市场，并实施垄断定价满足 $\underline{c}<p_i^m<\beta\underline{c}$，此时 $\underline{c}<a<(2\beta-1)\underline{c}$。技术成本支出为 $\Pi_k^{23}=\Pi_i^m$。j 为"赶超者"企业，主要策略是自主研发。关于创新的假设，参考 Loury (1979)[128]、Lee 和 Wilde (1980)[130]、Reinganum (1983)[138] 的做法。假设

创新成功概率服从泊松分布，x 为企业研发投入强度，h(x) 是指数参数。知识生产规模报酬递减，从而有 $h'(x)>0$、$h''(x)<0$ 和 $h(0)=0=\lim\limits_{x\to\infty}h'(x)$ 成立。企业 j 在 t 时刻创新失败概率为 $e^{-h(x_j)t}$，在 t + dt 创新成功概率为 $h(x_j)$ dt[①]。j 通过技术创新实现生产成本为 c（$c<p_i^m$）。r 为贴现率，满足 $r\in(0,1)$。c 取值分布在三个阶段：$c<p_j^m$ 表明可进入市场；$p_j^m<c\leqslant\underline{c}$ 表明可赶超在位者，其中 p_j^m 为 j 实施的垄断价格；$c<p_j^m<\underline{c}$ 表明可垄断市场。设 V_i、V_j 是赶超者进入市场后的单位时间利润。这样 j 的利润函数是：

$$\prod\nolimits_j^{23}(x_j)=\int_0^{\infty}e^{-rt}e^{-h(x_j)t}\Big[h(x_j)\frac{V_j}{r}-x_j\Big]dt=\frac{h(x_j)V_j/r-x_j}{r+h(x_j)} \qquad (2-5)$$

其中，j 的策略选择主要取决于 $x_j^e\in\max(\prod_j^{23}(x_j))$。$\prod_j^{23}(x_j)$ 为连续函数，根据假设可以求得 $\prod_j^{23}(0)=0$，又 $\lim\limits_{x\to\infty}h'(x)=0$ 表明 h(x) 在值域上存在上界，所以 $\lim\limits_{x_j\to\infty}\prod_j^{23}(x_j)=-\infty$。均衡解存在的关键性条件转化为是否存在 x_j 满足 $h(x_j)V_j/r-x_j>0$。$h(x_j)$ 为凹函数，$h(x_j)V_j/r$ 也为凹函数，如果 $h(x_j)$ V_j/r 与 $y=x$ 在 $(0,\infty)$ 不相交，则有 $\lim\limits_{x_j\to0}h'(x_j)V_j/r<1$，从而 $x\in(0,\infty)$ 时 $\prod_j^{23}\leqslant0$ 成立。$h'(0)\leqslant r/V_j$ 意味着企业缺乏创新能力。如果 $h'(0)>r/V_j$，则 $h(x_j)V_j/r$ 与 $y=x$ 在 $(0,\infty)$ 内相交，那就意味着存在 x_j 满足 $\prod_j^{23}(x_j)>0$，又 $\prod_j^{23}(x_j)$ 为连续函数，故存在 $x_j^e\in\max(\prod_j^{23})$。由于 $h'(x)$ 单位研发投入的变化引起的成功率的变化，$h'(0)>r/V_j$ 表明企业策略选择是以具备一定的创新能力为前提。

i 的决策条件是 j 的生产成本和创新成功时间。i 预期 j 的创新成功时间期望为 $E(t)=1/h(x_j^e)$。i 依托外部引进获取的时效性租金（独占市场期间获取的利润）期望为 $RT=\int_0^{1/h(x_j^e)}\prod_i^m\times e^{-rt}dt$，企业 i 在 j 进入市场后的期望收入

---

① 创新成功概率分布为指数分布，因此 $F(t<\tau<t+dt/\tau>t)=\frac{F(t+dt)-F(t)}{1-F(t)}=1-e^{-h(t)dt}$，又由于 $\lim\limits_{dt\to0}(1-e^{-h(t)dt})=-\lim\limits_{dt\to0}(e^{-h(t)dt}-1)=h(t)dt$。

为 $R^d = \int_{1/h(x_j^e)}^{\infty} V_i \times e^{-rt}dt$。技术购买支出和企业获得的利润比较如式（2-6）所示：

$$RT - \prod_i^m = \frac{1 - e^{-r/h(x_j^e)} - r}{r} \times \prod_i^m \qquad (2-6)$$

对式（2-6）进行处理容易发现，j 的均衡研发投入满足 $0 < x_j^e < h^{-1}\left(-\frac{r}{\ln(1-r)}\right)$ 时，则 $RT - \prod_i^m > 0$，否则 $RT - \prod_i^m < 0$。这样，i 的决策取决于 j 的研发投入，阈值是 $h^{-1}\left(-\frac{r}{\ln(1-r)}\right)$。

若 $RT - \prod_i^m$ 大于 0，意味着无论 j 如何进入市场，技术引进对 i 来说是占优策略，因此（外部引进，自主研发）为纳什均衡。若 $RT - \prod_i^m < 0$，还需要考虑 j 的生产成本 c 的取值。

关于 c 的取值讨论，主要是 c 和 p_j^m（垄断价格）之间的关系。

如果 $c \leq 2\underline{c} - a$ 成立，即 $c \leq p_j^m$，此时 j 可以实施市场垄断。因此 i 策略选择变成自主研发，（自主研发，自主研发）成为纳什均衡。

如果 $c > 2\underline{c} - a$ 成立，即 $c > p_j^m$，此时市场结构为双寡头市场，还需具体分析。根据式（2-6）求得 i 的利润函数为：

$$\prod_i^{23} = RT - \prod_i^m + R^d \qquad (2-7)$$

令 $\prod_i^{23} > 0$，易求得

$$\frac{V_i}{\prod_i^m} > 1 - (1-r)e^{r/h} \qquad (2-8)$$

i 垄断时的利润为 $\prod_i^m = \frac{(a-c)^2}{4b}$，双寡头结构下利润为 $V_i = \frac{(a+c-2\underline{c})^2}{9b}$，由于 $x_j^e > h^{-1}\left(\frac{-r}{\ln(1-r)}\right)$ 成立，式（2-8）右边大于 0。从而可以推得 $\frac{a-c}{a-\underline{c}} < 2 - \frac{3}{2} \times (1 - (1-r)e^{r/h})^{1/2}$。将 $(a-c)/(a-\underline{c})$ 视作赶超者与在位者的相对成本比率。

总结上述推导我们知道，在位者策略选择会受赶超者的影响，赶超者的研发投入较高（$x_j^e > h^{-1}(-r/\ln(1-r))$）以及相对成本比率较高（$(a-c)/(a-\underline{c}) > 2 - 3/2(1-(1-r)e^{r/h})^{1/2}$）情况下，（自主研发，自主研发）为纳什均衡，否则（外部引进，自主研发）为纳什均衡。若将$(a-c)/(a-\underline{c}) > 2 - 3/2(1-(1-r)e^{r/h})^{1/2}$视作剧烈创新，$(a-c)/(a-\underline{c}) < 2 - 3/2(1-(1-r)e^{r/h})^{1/2}$视作渐进式创新，综合前述分析，我们可以得到如下观点：

观点2-a：企业选择自主研发战略的前提是需具备一定创新能力。

观点2-b：在存在技术供给约束的创新竞争中，企业选择自主研发时，会激发研发活力，引发竞争者选择自主研发战略。

观点2-c：在存在技术供给约束的创新竞争中，当预期会发生剧烈创新时，会激发企业选择自主研发战略。

4. 创新竞争Ⅲ

上述分析属于静态博弈，未能考虑技术更新因素。将技术更新纳入考虑范围后，博弈则变成动态博弈，企业策略选择也会发生变化。

不妨设每一代技术周期跨度为$\tau + T$，将周期分两个阶段，如图2-3所示。图中的τ阶段表示j自主研发时期，阶段特点是i垄断市场，每轮周期的长度不一样。T阶段表示k更新技术时期，只有j创新成功后，k才会研发下一代技术，阶段特点是市场结构变为双寡头结构。

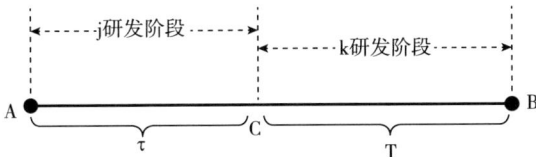

图2-3　技术更新

i和j在同一周期内的生产成本为c_{in}、c_{jn}，n表示第n轮技术周期，有$c_{i1} = \underline{c}$和$c_{j1} < (a+\underline{c})/2$，无须考虑$c_{i1}$与$c_{j1}$的相对大小。i和j的持续性创新

确保了 $dc_{in}/dn < 0$ 与 $dc_{in}/dn < 0$ 成立，定义成本变化比率 $g_n = \dfrac{(c_{jn-1} - c_{jn})}{(c_{in-1} - c_{in})}$（衡量赶超者的追赶速度），定义相对成本比率为 $\delta_n = \dfrac{(a - c_{jn})}{(a - c_{in})}$。为简化分析，不妨假设 g_n 为常数。故，由 $c_{i1} < a$ 与 $c_{j1} < a$，有 $c_{in} < a$ 与 $c_{jn} < a$。j 在周期 n 的研发投入强度为 x_n，$h'(x) > 0$、$h''(x) < 0$ 和 $h(0) = 0 = \lim\limits_{x\to\infty} h'(x)$ 依旧成立。T 阶段，i 和 j 利润函数分别为 $\prod_{in}^{d} = \dfrac{(a + c_{jn} - 2c_{in})^2}{9b}$、$\prod_{jn}^{d} = \dfrac{(a + c_{in} - 2c_{jn})^2}{9b}$，折现到 T 之前为 $V_{in}^{d} = \int_0^T e^{-rs} \prod_{in}^{d} ds = \dfrac{\prod_{in}^{d}(1 - e^{-rT})}{r}$、$V_{jn}^{d} = \dfrac{\prod_{jn}^{d}(1 - e^{-rT})}{r}$。

j 在周期 n 的利润函数为：

$$\prod_{jn}^{23} = \int_0^\infty e^{-rt} e^{-h(x_n)t} [h(x_n) V_{jn}^{d} - x_n] dt = \frac{h(x_n) V_{jn}^{d} - x_n}{r + h(x_n)}, \quad n = 1\cdots\infty \quad (2-9)$$

j 的策略是研发投入强度满足 $x_n^e \in \max(\prod_{jn}^{23})$。如前所述，若 $h'(0) > r/V_{jn}^{d}$，则 $h(x_n)V_{jn}^{d}$ 与 $y = x$ 在 $(0, \infty)$ 会相交，从而存在 $x_n^e \in \max(\prod_{jn}^{23})$。

（1）赶超者研发强度动态分析。

令 $\prod_{jn}^{23}$ 对 x_n 取导数，有：

$$\frac{\partial \prod_{jn}^{23}}{\partial x_n} = \frac{h'(x_n) V_{jn}^{d} r + x_n h'(x_n) - h(x_n) - r}{[r + h(x_n)]^2} \quad (2-10)$$

令式（2-10）等于 0，从而有：

$$h'(x_n^e) V_{jn}^{d} r + x_n^e h'(x_n^e) = h(x_n^e) + r \quad (2-11)$$

将式（2-11）两边分别对 n 求导，并整理得：

$$h''(x_n^e) \frac{dx_n^e}{dn} (V_{jn}^{d} r + x_n^e) + r h'(x_n^e) \frac{dV_{jn}^{d}}{dn} = 0 \quad (2-12)$$

由假设知 $h'(x_n^e) > 0$、$h''(x_n^e) < 0$；$V_{jn}^{d} r + x_n^e > 0$、$r > 0$，这样 dx_n^*/dn 的符号则取决于 dV_{jn}^{d}/dn，企业研发投入变化趋势与其收益变化趋势相同。

i 预估 j 在周期 n 创新成功的时间期望为 $E(\tau) = 1/h(x_n^e)$，相应的利润期

望为 $RT_n = \int_0^{1/h(x_n^e)} \prod_{in}^m \times e^{-rt} dt$，故 RT_n 与 j 的 x_n^e 负相关。利润 – 成本对比如式（2 – 13）所示：

$$RT_n - \prod_{in}^m = \frac{1 - e^{-r/h(x_n^e | \omega_n)} - r}{r} \times \prod_{in}^m \qquad (2-13)$$

对式（2 – 13）进行处理发现，j 的均衡研发投入满足 $0 < x_n^e <$ $h^{-1}\left(-\frac{r}{\ln(1-r)}\right)$ 时，则 $RT_n - \prod_{in}^m > 0$，此时技术引进是占优策略。若 $x_n^e > h^{-1}\left(-\frac{r}{\ln(1-r)}\right)$，技术引进不再是 i 的占优策略。简单分析可以知道，$RT_n - \prod_{in}^m$ 符号主要取决于 x_n^e。

由于 dx_n^*/dn 的符号主要取决于 dV_{jn}^d/dn，我们着重分析 dV_{jn}^d/dn 的动态特征。通过分析可以看到，当 $c_{jn-1} - c_{jn} > (c_{in-1} - c_{in})/2$ 成立时，$dV_{jn}^d/dn > 0$ 也成立，否则 $dV_{jn}^d/dn \leq 0$。若 $dV_{jn}^d/dn \leq 0$，相应地，$dx_n^e/dn \leq 0$。此时如果 $x_{n-1}^e \in (0, h^{-1}(-r/\ln(1-r)))$ 满足，技术引进是 i 这个周期的占优策略。i 改变策略的条件是，赶超者与在位者间的成本满足 $c_{jn-1} - c_{jn} > (c_{in-1} - c_{in})/2$。

（2）在位者策略选择分析。

当 $dV_{jn}^d/dn > 0$ 成立时，j 的均衡研发投入 x_n^e 会递增，τ 阶段的时间会缩短，导致 i 的利润无法覆盖技术成本。为确保 $dV_{jn}^d/dn > 0$ 的成立，即保证 $dx_n^e/dn > 0$ 成立，需要假设 $g_n = (c_{jn-1} - c_{jn})/(c_{in-1} - c_{in}) > 1/2$（后文将说明 $g_n \leq 1/2$ 的意义）。从而 $0 < x_n^e < h_n^{-1}(-r/\ln(1-r))$ 成立的概率越来越小，$x_n^e > h_n^{-1}(-r/\ln(1-r))$ 成立的概率越来越大。

令 $h(\hat{x}) = -r/\ln(1-r)$，则 $\hat{x} = h^{-1}(-r/\ln(1-r))$。考虑到 $\partial x_n^e/\partial n > 0$，不妨设 x_n^e 与周期 n 存在一一对应关系 $N(x_n^*) = n$，从而有：

$$\hat{n} = N^{-1}(\hat{x}) \qquad (2-14)$$

据此，$c_{jn-1} - c_{jn} > (c_{in-1} - c_{in})/2$ 成立，赶超者均衡研发投入持续增加（$\partial x_n^e/\partial n > 0$），通过技术引进获得利润逐步降低。当周期 $n < \hat{n}$ 时，$RT_n - \prod_{in}^m > 0$ 成立；当周期 $n \geq \hat{n}$ 时，则 $RT_n - \prod_{in}^m < 0$ 成立。

周期 $n \geq \hat{n}$ 时，并不意味着 i 就放弃该策略，还需分析在位者进入 T 阶段获得的利润。i 在阶段 T 的利润期望贴现为 $R_n^d = V_{in}^d e^{-r/h(x_n^e)}$，故利润函数为：

$$\prod_{in}^{23} = RT_n - \prod_{in}^m + R_n^d = \frac{1 - e^{-r/h(x_n^e)} - r}{r} \times \prod_{in}^m + V_{in}^d e^{-r/h(x_n^e)} \qquad (2-15)$$

将 V_{in}^d 表达式代入式（2-15），并令式（2-15）大于 0，整理后得：

$$\frac{\prod_{in}^d}{\prod_{in}^m} > \frac{1 - (1-r)e^{r/h(x_n^e)}}{1 - e^{-rT}} \qquad (2-16)$$

式（2-16）左边取值主要取决于 j 和 i 的成本对比。若 $c_{jn} > 2c_{in} - a$ 成立，即 $1/2 < \delta_n < 2$ 时，市场为古诺模型。容易求得 $\prod_{in}^d / \prod_{in}^m = (3 - 3/2 \times \delta_n)^2$，并代入不等式（2-16）整理得：

$$\bar{x}_n = h^{-1}(r/\ln A) > x_n^e \qquad (2-17)$$

其中 $A = \ln\left[\frac{1 - (3 - 3/2 \times \delta_n)^2 (1 - e^{-rT})}{1 - r}\right]$。故，当 $x_n^e < \bar{x}_n$ 时，不等式（2-16）成立，在位者会继续实施技术外购策略；当 $x_n^e > \bar{x}_n$ 时，$\prod_{in}^{23} < 0$，因此 i 只能放弃技术引进策略。通过对比 x_n^e、$\bar{x}_n$，可以判断 i 在周期 n 的策略选择。根据 $d\bar{x}/d\delta = \frac{d\bar{x}}{dA} \times \frac{dA}{d\delta} < 0$，如果 δ_n 表现为非单调性，$\bar{x}$ 也为非单调性变化，故 $x_n^e - \bar{x}_n$ 的符号会发生变化，因此在位者的策略选择可能发生动态变化。由于 δ_n 的变化特征是向 $\frac{c_{in-1} - c_{jn}}{c_{in-1} - c_{in}}$ 收敛（证明见附录2）。据此，我们可以判断，$\bar{x}_n$ 也具有收敛特征。根据 δ_n、$\bar{x}_n$ 的变化特征，我们开始对在位者长期策略选择开展讨论。

首先，δ_n 会收敛到 g_n，$\bar{x}_n$ 则会收敛到 $h^{-1}\left\{r/\ln\left[\frac{1 - (3 - 3/2 \times g)^2 (1 - e^{-rT})}{1 - r}\right]\right\}$。此时，令 $\bar{n} = N^{-1}\left(h^{-1}\left\{r/\ln\left[\frac{1 - (3 - 3/2 \times g)^2 (1 - e^{-rT})}{1 - r}\right]\right\}\right)$。

当 $\delta_1 < g_n$ 时，δ_n 单调递增，$\bar{x}_n$ 则单调递减。若在周期 $\tilde{n}$（$\tilde{n} < \bar{n}$）$x_{\tilde{n}}^e \geq \bar{x}_{\tilde{n}}$ 成立。当 $n < \tilde{n}$ 时，$\prod_{in}^{23} > 0$ 成立，i 选择技术引进策略；$n \geq \tilde{n}$ 时，$\prod_{in}^{23} < 0$ 成立，i 的技术引进策略导致亏损。若在周期 $\tilde{n}$（$\tilde{n} < \bar{n}$）$x_{\tilde{n}}^e < \bar{x}_{\tilde{n}}$ 成立，i 则只能

在 $n \geq \bar{n}$ 时亏损。δ_1 越小时，若 j 和 i 间初始成本差距较大，g_n 越大，竞争结果是 j 的生产成本相对 i 下降得更快，即赶超者主要竞争手段是成本快速下降。

若 $\delta_1 > g_n$，δ_n 单调递减，$\bar{x}_n$ 单调递增。$n < \bar{n}$ 时，即便满足 $x_n^e - \bar{x}_n \geq 0$，周期 $n+1$ 可能使 $x_{n+1}^e - \bar{x}_{n+1} < 0$ 成立，故在位者的长期策略不明确。但 $n \geq \bar{n}$ 时，$\prod_{in}^{23} < 0$ 成立，i 会一直亏损。因此在竞争差距不大时，赶超者的主要竞争手段是缩短技术周期。

综合上述分析可以看到，$g_n = (c_{jn-1} - c_{jn})/(c_{in-1} - c_{in})$ 不同取值范围，暗含不同的企业策略。成本变化比率较小时（$g_n \in [0, 1/2]$），赶超者的均衡研发投入变化趋势是 $dx_n^e/dn \leq 0$，在位者垄断市场，因此技术引进是占优策略；成本变化比率较大时（$g_n \in [2, \infty)$），由于 $\lim_{n \to \infty} \delta_n = g_n$，赶超者通过技术创新实施垄断，技术引进对在位者而言不是占优策略；成本变化比率满足 $g_n \in (1/2, 2)$ 条件时，赶超者的均衡研发投入变化趋势是 $dx_n^e/dn > 0$。$n < \hat{n}$ 时，技术引进是在位者占优策略；当 $\hat{n} \leq n \leq \bar{n}$，在位者根据 $x_n^e - \bar{x}_n$ 符号判断是否实施技术引进策略；当 $n > \bar{n}$ 时，在位者不再选择技术引进策略。

g_n 是赶超者和在位者产品成本变化比率，其大小反映了赶超者追赶在位者的速度。总体上说，当 $g_n > 1/2$ 成立时，即便赶超者技术不如在位者，但在多轮技术更新后，赶超者还是会赶上在位者。这意味着从长远来看，自主研发才是占优策略。

从上述分析可以看到，尽管自主研发长远来看是占优策略，但企业的策略选择具有阶段性。企业间的创新竞争可以分为三个阶段：竞争周期小于 $\hat{n}$ 的阶段，选择外部引进可以获得利润；竞争周期介于 $(\hat{n}, \bar{n})$ 阶段，企业策略选择取决于 $x_n^e - \bar{x}_n$ 的符号；竞争周期大于 $\bar{n}$ 的阶段，外部引进导致亏损。进入第三阶段，选择外部引进意味着亏损，因此 $\bar{n}$ 越大对在位者越有利。又 $\partial \bar{n}/\partial T > 0$、$\partial RT_n/\partial \tau > 0$ 成立，即使 $\bar{n}$ 很小，但由于产品生命周期长度 $\tau + T$ 过长（或技术更新慢），企业也倾向于外部引进。

又由 $dh(\hat{x})/dr = \dfrac{\ln\left(\dfrac{1}{1-r}\right) + \dfrac{r}{1-r}}{\left[\ln(1-r)\right]^2} > 0$，可以得出 $d\,\hat{n}/dr > 0$ 成立。这表明折现率与外部引进具有正相关性。

归纳上述模型分析结果，可得到如下观点：

观点 3 - a：企业双方的生产成本相对变化情况会影响企业策略选择，当双方成本变化比率较小时（$g \in [0, 1/2]$），企业倾向于外部引进；成本变化比率较大时（$g \in [2, \infty)$），企业倾向于自主研发。

观点 3 - b：成本变化比率满足 $g \in (1/2, 2)$ 时，企业策略选择受产品生命周期影响，产品生命周期（$\tau + T$）与自主研发策略选择负相关，与外部引进策略选择正相关，即技术更新慢的行业，外部引进策略会更优，技术更新快的行业自主研发会更优。

观点 3 - c：成本变化比率满足 $g \in (1/2, 2)$ 时，企业策略选择受竞争周期影响，若市场可实现的竞争周期小于最小竞争周期，企业倾向于外部引进策略；市场可实现的竞争周期大于最小竞争周期，企业越会倾向于自主研发策略。

观点 3 - d：赶超者的均衡研发投入变化趋势与其收益变化趋势相一致，即创新带来的收益越高越容易激励更多的研发投入。

观点 3 - e：加快产品更新速率和降低产品成本是赶超者最主要的竞争途径。

观点 3 - f：折现率与技术引进策略选择呈正相关性，即利率越高，选择技术引进策略概率也会越高。

三、实证检验

（一）假设的提出

从上述博弈分析可以看到，企业的策略选择机制并不简单，受到创新价值、产品周期、折现率的影响，为了验证上面的观点，我们提出如下假设，并实证检验。

假设 1：产品更新周期越快（短）的产业，企业越倾向于自主研发；产品更新周期越慢（长）的产业，企业越倾向于外部引进。

自主研发和外部引进所产生的引入时机差异，会导致不同的市场结果，因此企业在选择技术获取战略时，也会考虑竞争对手的策略。Barzel（1968）[139]对于创新引入时机进行考察，认为企业引入时机的选择面临两个选项，分别是从企业与社会而言的最优引入点和企业为取得市场竞争优势的最优引入点，最后的纳什均衡是企业更倾向于提前引入创新。Kamien 和 Schwartz（1972）[140]研究了企业创新开发时间与引进时机会对企业期望利润的影响，认为提高成本来压缩开发时间、延长开发时间来降低获利机会、竞争对手的创新和模仿概率等策略会对企业潜在创新收益产生影响，Mansfield（1988）[141]基于成本—时间的实证证实了该观点。但从本书的动态博弈分析来看，短期内，技术引进具备明显的优势，能率先进入市场获得收益，也期望产品周期长，而自主研发者更倾向于加快产品更新迭代，通过持续产品更新获得市场优势。因此，本书假设越是产品更新快的行业，企业越倾向于自主研发。

假设 2：创新价值不仅促进企业积极引进技术，也同样激励企业自主研发。

在动态博弈中可以看到，追求创新价值是企业技术引进和自主研发的直接目的，因此创新价值与两类企业行为都存在正相关关系，尤其是创新价值特别大（可实现垄断市场或属于破坏性创新的领域）时，企业选择自主研发策略的积极性将更高。

假设 3：折现率与技术引进策略选择呈正相关，即利率越高，选择技术引进策略概率会越高。

为验证上述假说，本书参考刘重力和黄平川（2011）[142]利用中国科技统计年鉴数据的做法，同样利用2位码工业产业的科技活动数据进行实证检验。

（二）变量定义和样本选择

为衡量企业自主研发和技术引进，常用的一种方式是用自主研发支出和国内外技术引进经费支出作替代变量（Veugelers，1997）[143]。产品更新周期，也是产品生命周期，是指某产品进入到退出市场所经历的时间。市场各类产品成千上万，试图对每类产品的寿命进行统计，并不符合计量经济性要求。多数产品退出市场，是替代性产品的出现，新产品与产品更新周期间的关系为我们提供了研究线索，可以运用单位时间内新产品的数量作为产品更新周期的替代变量。新产品数量越多，则旧的产品会被市场淘汰的概率越大，产品更新周期会越短。创新的价值主要体现在其经济效益实现上，不妨用新产品价值进行衡量。

影响企业技术获取路径选择的因素较多，为了准确考察产品更新周期对企业决策的影响，还需对相关变量进行控制。企业的创新决策还需要考虑主要产业规模与企业数量。产业规模是考虑到产业的规模大小对企业决策的影响（见表 2 - 2）。

表 2 - 2 变量定义

变量	符号	定义
R&D 支出	rdexp	企业在自主研发上的投入
知识购买	importexp	企业从国内外获取专利、技术、设计等知识的支出总和
产品更新周期	T	用新产品项目数来衡量
知识的价值	values	用新产品销售收入来衡量
产业规模	scale	用产业的总产值来衡量
企业数量	Q	大中型企业的数量
利率	r	人民银行基准利率

本书的样本范围为 2005 ~ 2010 年 2 位码工业产业，不包含废弃资源和废旧材料回收加工业（由于多项指标缺失，不列入考察范围），共 37 个产业①。

---

① 限于篇幅，不列出具体的产业，感兴趣的读者，可自行查阅相关年鉴。

数据主要来源于 2006～2011 年①《工业企业科技活动统计资料》，数据统计描述与自变量方差膨胀因子如表 2 - 3 和表 2 - 4 所示。

表 2 - 3　数据统计描述

变量	rdexp	importexp	T	values	scale	Q
平均值	- 0. 0564	- 0. 0058	- 0. 0392	- 0. 05	- 0. 081	- 0. 097
最大值	5. 42	4. 757	4. 15	5. 257	4. 531	2. 66
最小值	- 0. 544	- 0. 517	- 0. 646	- 0. 463	- 0. 721	- 1. 08
标准差	0. 87	0. 988	0. 938	0. 87	0. 887	0. 89
样本数	222	222	222	222	222	222

注：指标按照历年工业企业的工业品出厂价格指数折算，并进行标准化处理。

表 2 - 4　自变量方差膨胀因子

变量	T	values	scale	Q	r	MeanVIF
VIF	7. 26	8. 01	3. 80	2. 96	1. 01	4. 61
1/VIF	0. 1377	0. 1248	0. 2629	0. 3375	0. 9919	

（三）实证检验结果及分析

本书的回归模型如下：

$$\begin{cases} rdexp_{it} = T_{it} + values_{it} + scale_{it} + Q_{it} + r_t \\ importexp_{it} = T_{it} + values_{it} + scale_{it} + Q_{it} + r_t \end{cases}$$

其中，变量的下标为第 i 个产业和第 t 年，相关变量及定义如表 2 - 3 所示。

数据为短平衡面板数据，不需考虑序列相关性问题，估计工具为 Stata12. 1。为了确定 37 个产业个体效应存在性，运用 LSDV（最小二乘虚拟变

① 2012 年《工业企业科技活动统计资料》统计口径为规模以上企业，与 2005～2011 年的大中型企业统计口径存在较大的差别，因此本书未将其列入样本范围。

量模型）进行考察，发现大部分虚拟变量很显著，可以拒绝"所有个体效应为0"假设。为了考察固定效应模型与随机效应模型的选择，在非稳健异方差的条件下，对上式进行 Hausman 检验。因变量为 rdexp 的模型检验结果 P 值为 0.0007，强烈拒绝原假设"个体效应与自变量无关"。因变量为 importexp 的模型检验结果 P 值为 0.0000，强烈拒绝原假设"个体效应与自变量无关"。可见使用固定效应模型更为合适，不过为了对比，同样加入了混合 OLS 估计，回归结果如表 2 - 5 所示。

表 2 - 5　回归结果

估计方法	固定效应 I	固定效应 II	混合回归 III	混合回归 IV
变量	rdexpin	importexp	rdexpin	importexp
T	0. 435 ***	- 0. 629 *	0. 328 ***	- 0. 239 **
	(6. 14)	(- 1. 85)	(6. 95)	(- 2. 49)
values	0. 536 ***	0. 653 **	0. 458 ***	0. 869 ***
	(4. 61)	(2. 54)	(4. 95)	(5. 69)
scale	0. 108	0. 192	0. 282 ***	0. 392 **
	(1. 53)	(1. 42)	(4. 77)	(2. 30)
Q	0. 0545	0. 0263	- 0. 0736 **	- 0. 07
	(0. 60)	(0. 12)	(- 3. 18)	(- 1. 07)
r	- 0. 0176 **	0. 0317 *	- 0. 0286 *	0. 0478
	(- 2. 14)	(1. 91)	(- 1. 83)	(0. 93)
截距项	- 0. 237 *	0. 206	0. 0398	- 0. 000628
	(- 1. 94)	(1. 07)	(0. 36)	(- 0. 00)
N	222	222	222	222
R^2	0. 943	0. 353	0. 965	0. 723

注：括号中是 t 统计量；* 表示 $p < 0.1$，** 表示 $p < 0.05$，*** 表示 $p < 0.01$。

从表 2 - 5 中可以看到，固定效应法与混合回归两种方法在回归结果上存在着一定的差异，本书主要就固定效应法的回归结果进行分析。回归结果呈现出丰富的含义。

第一，从系数绝对值来看，创新价值、产品更新周期对企业策略选择产生了很大的作用，甚至是主要影响因素。

第二，检验结果与假设 1 相一致，即产品更新速度跟自主研发正相关，与技术引进负相关。传统观点认为，企业策略选择会有阶段性特征。Link 等（1983）[108] 曾基于产业生命周期理论（Utterback 和 Abernathy，1975[144]）考察产业生命周期各阶段特征与企业知识获取策略的关系，发现产业创新初期阶段特征是产品多样化，企业偏好选择知识外部购买策略，中期阶段的特征是产品更成熟、设计存在主导方式，此时企业则倾向于广泛的内部研发。Cantarello 等（2011）[145] 运用案例分析的方式考察了设计创新各阶段与企业知识获取策略的关系，发现对于创新实施早期更偏向于外部获取，进入到大规模的产业化阶段则偏向于内部获取，与 Link 等（1983）[108] 的观点相似。也就是说，行业发展初期，为了快速进入市场，会积极引进外部技术实现自主研发替代。在行业发展中期阶段，只有自主研发才能形成核心竞争力，企业会倾向于自主研发。此外，在动机上也存在较大差异性，企业采取技术外部引进策略旨在快速进入市场，为了获取最大效益，并不会主动寻求产品更新换代，如我国轿车工业在 20 世纪 80 年代初引进的大众桑塔纳车型在我国作为主流车款竟长达数十年，让人误以为大众车型不更新，实际情况是同时代大众在德国产品更新非常频繁。而选择自主研发策略的企业，在动机上更倾向于加快产品更新，从而不断建立自身竞争优势。因此，产品更新频率或产品周期与自主研发正相关，与技术引进负相关，是非常符合现实情况。

第三，假设 2 得以验证，新产品产值在对研发支出和技术购买回归中，系数为正且都较显著。企业无论是实施自主研发还是引进外部技术，直接的动机是为了创新，间接的动机是为了实现价值，因此市场环境要鼓励企业创新，必须保障创新价值得以顺利转化。

第四，假设 3 得以验证，利率在模型 Ⅰ 和模型 Ⅱ 中的系数符号相反。即高利率会有利于技术外部引进，由于较高的利率等于较高的折现率，可以通过技术引进实现快速进入市场，获取更大的收益。从自主研发来看，高利率会导致更高的研发成本，降低研发投入，从而抑制了选择自主研发策略。

关于实证检验不足之处的说明。实证检验并未考虑同时实施内部获取与外部获取的策略组合。按照 Cohen 和 Levinthal（1989，1990）[5-6]的理论，自主研发和技术外部引进具有互补性，比如为满足适应性，在技术引进的同时投入配套的适应性自主研发（Sen 和 Rubenstein，1989，1990）[146-147]，因此两种策略及其组合与创新具有正相关关系。本书以单项技术获取为主，企业在一定预算内只能选择以内部或外部路径为主，两种策略是完全替代。企业在参与数据统计时，由于创新主体仅关注核心或重要单项技术投入数据，忽视配套知识的投入数据，因此实证中使用的研发数据和外部技术引进数据主要是单项技术知识数据，而非创新过程中全部的内部研发投入和外部获取投入。吴延兵（2008）[148]基于 1996～2003 年《中国科技年鉴》省级面板数据考察自主研发、技术引进与生产率关系，发现自主研发和技术引进交叉项衡量的互补性特征对生产率的回归并不显著。在张海洋（2005）[149]的研究中，同样未发现稳健的互补性证据。而基于更微观的企业级数据的经验分析，通常会获得自主研发和外部知识获取的互补性证据（Cohen 和 Levinthal，1989；Veugelers 和 Cassiman，1999；Cassiman 和 Veugelers，2002；Hu 等，2005；Cassiman 和 Veugelers，2006；李正卫等，2010；甄丽明和唐清泉，2010）[5,32-33,150-153]。

四、进一步探讨

为深入探讨开放式创新形成机制，本部分以微观经济为研究重点，从企业问题求解视角入手，研究企业实施开放式创新的直接动机，然后进一步基于博弈视角，探讨企业决策机制，运用博弈论，引入技术周期、研发不确定性、技术供给约束等变量，实现了由静态博弈到动态博弈，分阶段对创新竞争展开了分析，对重要观点进行了实证检验。那对于宏观层面，到底是应该鼓励自主研发还是技术引进？

(一) 学术界关于二者实践的探讨

自主研发还是技术引进是影响企业发展路径的重大决策。企业在决策过程中，限于资源的有限性，往往难以二者兼顾，只能舍此就彼。但企业行为也对宏观层面的产业发展具有重大影响，围绕二者间的替代性、互补性及实施成效等，较多学者展开了实证分析。如陈爱贞等（2008）[154]研究认为，下游知识需求部门对国外技术和设备的引进，会对本土的上游技术和设备供给部门产生显著的挤出和替代效应。Cohen 和 Levinthal（1989）[5]认为自主研发与技术引进具有互补性，率先提出了自主研发具有两面性的观点，认为自主研发不仅能提高创新能力，也能提升吸收能力。张海洋（2005）[149]、甄丽明和唐清泉（2010）[152]的研究表明，在考虑吸收能力的情形下，技术引进效率非常显著。部分学者从技术引进成效维度出发进行研究。朱平芳和李磊（2006）[155]基于上海工业企业数据考察了技术贸易和 FDI 两种技术引进方式对劳动生产率和全要素生产率的影响，发现技术引进对非国有企业的效率影响不显著，有形技术引进对国企有正效应，而 FDI 主要对三资企业效率有正效应。吴延兵（2008）[148]、刘小鲁（2011）[156]考察了国内与国外的技术引进对全要素生产率和创新能力的影响，发现国外技术引进有着显著的正效应，而国内技术引进效应不显著。王华等（2010）[157]从自主创新的视角考察了不同技术引进方式的影响，并未发现 FDI 促进企业技术创新的证据，而技术贸易则有着显著的影响。李正卫等（2010）[153]基于浙江高技术产业企业数据考察了不同类型技术引进对自主研发的影响，发现非体现性技术有着显著的正效应，而体现性技术的效应则不显著。

上述学者的研究表明，自主研发与技术引进间的关系并不稳健（孙建等，2009）[158]。本书研究亦表明，二者不存在孰优孰劣问题。从企业短期来看外部引进具有明显的优势，但长期来看自主研发是占优策略，尤其是在技术和产品更新迭代较快的领域，通过持续更新换代的创新战略，后发者甚至实现市场的逆转。而从宏观层面来看，政策在自主研发和技术引进的不同倾向，不仅对企业决策产生直接影响，也决定了整个产业的长期技术发展路径。

（二）我国关于产业发展的实践

通常而言，实施技术引进可以实现自身技术能力的快速提升，多数后发国家通过外部引进实现与发达国家的技术收敛。我国作为发展中国家，整体技术水平长期落后于发达国家，通过技术引进方式实现与发达国家的技术收敛无疑是较为可行的路径之一。尤其是改革开放初期，较多产业发展起步晚、底子薄、技术缺乏积累、经验匮乏，积极引进国外先进技术和管理是占优策略，也获得国家大力支持。只是经过多年的发展，中国产业存在"落后—引进—再落后—再引进"的怪现象（王华等，2010[157]；李光泗和沈坤荣，2011[159]），引起了人们对技术引进策略有效性的怀疑。国内学者围绕"技术引进"能否提升技术水平、创新水平或生产率等从多个角度进行了较多的理论分析和实证检验，由于技术引进的效果与引进方式、引进技术类型、地域、产业、所有制类型等因素的异质性相关，结论并不统一，未能对"技术引进"怪圈现象进行很好的解释。

我国 CRT 和 TFT－LCD 产业的演化案例。我国的 CRT 彩电的规模化发展建立在技术引进的基础上，从 1978 年购买国外第一条生产线，到 1987 年成为世界第一大电视机生产国（卢锐和吴云，2012[160]），历时不到十年。其后，产业的发展先后经历了与国外厂商竞争、国内厂商竞争，至 20 世纪 90 年代中期，形成了数个骨干企业并存的局面，完整的产业链得以建立。在国内彩电冲击下，国外厂商寻求转型升级，把持高端市场。国内寡头竞争也日趋激烈，并导致 2001 年彩电产业大面积亏损。20 世纪 90 年代，具有应用价值的替代性技术开始出现。2003 年 CRT 产业开始衰退，以 LCD 为代表的新一代显示技术扮演了破坏性创新的角色。自主企业进入 LCD 产业的方式主要是生产线购买、技术合作和并购，如吉林电子集团 2000 年购买日本 1 代 TFT－LCD 生产线、2003 年京东方并购韩国现代集团 LCD 业务部、2003 年上广电与日本 NEC 合资建设 5 代生产线等（卢锐和吴云，2012[160]）。TFT－LCD 产业作为新兴产业，拥有广泛市场前景，国内厂商以知识外部获取方式进行广泛的投资，多数企业在进入市场初期获得高额利润，但在行业快速成本下降和产品更新中纷纷败下阵来。目前，产业依旧由韩国、中国台湾和日本主导，其中韩国的三星和 LG 是市场最大的厂商（韩仁洙等，2011[161]），而自主企业已经转变策略，寻求自主创新路线，主要厂商是京东方和华星光电。尽管国内厂商依托自主创新实现了 TFT - LCD8.5 代线技术跟进，但国外厂商已经再度寻求替代性技术 OLED，我国 TFT - LCD 产业依然面临较大挑战。

从上述案例中可以发现，无论是 CRT 还是 TFT - LCD 产业，本土企业进入市场方式都选择了技术外部获取。从整个显示技术产业的发展来看，我国经历了"落后—引进—再落后—再引进—再落后"的现象，但 CRT 与 TFT - LCD 产业的发展也有着显著不同。首先，在 CRT 技术被替代前，我国建立了完整的 CRT 产业链，具备较强的产业基础。自主企业也已经积累了丰富的 CRT 技术，拥有较强的竞争力。其次，CRT 技术不存在核心技术的更新换代，较长的产品生命周期为自主企业从事微创新提供了机会；而 TFT - LCD 产业存在所谓的 1G、2G、2.5G、3G 等技术代际，更新换代概念突出。

我国较多产业的发展过程与上述案例类似。在不考虑动态变化和市场竞争因素时，企业创新过程面临的知识边界线决定了其策略决策，我国企业倾向于技术外部引进（主要是国外引进）。我国改革开放初期，卖方市场特征明显，企业积极性表现在进入市场方面。由于自主研发能力匮乏，企业市场经验不足，创新过程面临的知识边界线非常低，只能依托知识外部获取，而不是自主研发。国家统计局数据显示，我国大中型企业的研发支出直到 2000年才超越国外技术引进支出，这既反映了我国研发投入不足，也说明了我国与发达国家技术水平差距较大的现实。但本土企业充分依托技术引进所带来的优势，结合廉价的劳动力、土地要素，有效降低了成本，在相应市场领域驱逐国外厂商在位者而成为新的在位者。CRT 产业的发展表明，在发生替代性创新之前，这种策略的实施可以确保我国完整产业链的建立，提升了产业技术水平。但国外以自主研发为主导的企业，通常会以更快的产品更新和快速的成本下降来重新赢得竞争优势。TFT‑LCD 产业的发展表明，国外厂商这两种策略的实施既导致了我国 CRT 产业的崩溃也导致了我国在 TFT‑LCD 产业投资频频失利。

显然，自主研发还是技术引进的问题，并不能简单地判断孰优孰劣。在技术基础与能力的约束下，市场进入的压力和技术获取效率，决定了技术引进策略的实施是必需的，否则我国多数产业依旧处于自行摸索阶段。但市场的动态变化表明，不同的策略选择会对企业未来的发展产生不同的影响，影响的差异性主要体现在企业应对市场变化的能力。企业进行策略选择需要着重考虑产品更新速率和成本变化特征，"引进—消化—吸收—再创新"的套路并非包治百病，而是需要区别对待。对于行业产品更新速率和成本变化快的产业而言，往往以自主研发企业为主导，只有自主创新才能构筑核心竞争力；而对于行业产品更新速率和成本变化慢的产业而言，则可以依托知识外部获取快速提升技术水平，在一定发展基础上转变策略，通过强化自主研发，寻求微创新的方式逐渐累积竞争优势。

第三章 开放式创新的运行方式选择分析

一、知识治理的理论基础

前文从企业知识边界的形成和企业博弈视角考察了开放式创新是如何形成的。当前，开放式创新日益频繁，外部技术引进的方式多样。企业实施开放式创新，面临如何选择运行方式来实施开放式创新。这些问题都可归结为企业知识治理方式。

（一）知识治理的核心目标

治理本质上是对行为进行激励、约束、规制、引导的秩序和规则，而知识治理就是对知识管理等知识活动中的行为进行激励、引导、规范和控制的组织安排（李维安，2007[162]）。王雎（2009[56]）认为，知识治理是当代企业面临的最重要的问题，而不仅仅是包含知识获取在内的知识管理问题。持该观点的学者往往强调企业知识治理的内容主要是对存量知识的有效管理和配置，还暗含了对外部知识管理和配置。本书则认为知识治理的核心目标是创造或获取新的知识。

首先，广义地定义存量知识，忽视了企业配置外部知识时所面临的由产权引发的约束性作用，也忽视了知识运用的非适应性。Arrow（1962b）[8] 提出了信息作为商品所引发的知识占有问题：需求方不了解信息则无法确定信息的价值，而一旦了解了信息，信息便失去了价值。企业既然无法获知所需的外部知识内容，外部知识的适应性也无法获得保障。故企业只能确保内部知识的有效管理与配置。显而易见，这两个因素（产权与非适应性）的存在决定了所谓存量知识的管理与配置并非知识治理的核心。

其次，企业对知识产生持续性需求的内在动机，并非因为知识是可以保值增值的资产，而是源于知识可以满足企业生产经营过程中问题求解的需要，其最终目的是以知识创造为手段实现价值创造。基于知识的企业理论尤为强调企业知识的动态性。由此可见，知识管理的基础是知识治理（李维安，2007）[162]，而知识治理的核心是知识获取，其目的在于有效获取知识，或者说知识治理问题是企业有效获取知识问题的延伸。Grandori（2001）[163] 认为企业内部知识特征对知识治理的影响本质上是对知识管理的影响，只有外部知识特征才会对知识治理产生影响。Granstrand 等（1992）[31] 曾在一项企业管理者问卷调查中，统计得出技术管理问题中最重要的是技术获取（包括外部技术获取）。

可见，知识治理的核心是如何创造或获取新的知识，从开放式创新的角度来看，是如何选择治理模式。

（二）知识治理的传统理论基础及局限性

关于知识治理的研究通常将知识交易作为基本分析单位① （Foss，2007）[164]，认为知识与其他成熟的产品和服务差异不大，交易过程中依旧面临有限理性与投机问题。这样，资产专用性、不确定性和交易频率三大因素作为交易尺度依旧适应，可以运用交易成本理论进行分析（Tapon，1989；

---

① 一种观点认为"知识运动"混乱的主要来源在于缺乏明确的分析单位（Foss，2007）。学者通常会根据所研究的对象或视角，选择不同的分析单位，有问题视角、交易视角或者"知识单元"等作为基本分析单位，其中应用范围最广的是将交易作为基础性分析单位。

Pisano，1990，1991；Ulset，1996；Veugelers，1997；Veugeler 和 Cassiman，1999）[32,143,165-167]。如上下游知识供应体系的形成会加大发包商对承包商的知识依赖和能力依赖，从而引致机会主义发生（罗珉和王雎，2006）[121]；又或者知识供应商为满足客户要求，进行专用资产投资，由于巨额沉没成本的存在，弱化了供应商的讨价还价话语权，强化了客户的谈判影响力；这里不确定性主要是指，事前合同的制定无法覆盖事后合同执行发生的未预料情形，从而引起交易成本的增加。在这些情形下，为避免"敲竹杠"问题的出现，合约的制定面临着困难，因此企业治理结构应该以最小化交易成本①为目标，进而决定企业的研发边界。按照交易成本理论，交易维度与治理模式间的关系如表 3-1 所示，为简化分析，这里的治理模式从市场化与科层化程度两个维度来考量，而不是具体为某种模式。

表3-1　交易维度与治理模式间的关系

	市场化程度	科层化程度
资产专用性	负相关	正相关
交易频率	负相关	正相关
不确定性	负相关	正相关

知识具有普通产品和服务的性质，但也具有显著的独特性。Ulset（1996）[168]提出在知识外部获取上存在更高的技术不确定性、信息泄露、创造力激励等风险。所谓的技术不确定性并非指合同履行中所出现的未曾预料的情况，而是指创新或技术研发是个试错的过程，成功并不是确定无误的。信息泄露是知识交易存在的显著风险，如将主要技术外包给承包商，技术可能会泄露给选择相同知识供应商的竞争对手（Mowery，1983）[24]。创造力激励问题是研发外包中关于知识的剩余权利分配所引致。普通产品外包考核易

---

①　交易成本分为事前成本与事后成本：事前成本包括签订合约、谈判、确保合同履行付出的成本；事后成本则包含不适应成本、讨价还价成本、建立及运转成本和保证成本（Williamson，1985）。

于量化与标准化，操作性较高，而研发外包是关于知识的创造性活动，绩效更多地取决于创造者，且考核存在较大主观性。这就为知识供应商的策略博弈留下较大的自主空间，因此外包剩余权利的分配与承包商激励间存在正相关性。也意味着抑制知识供应商的机会主义与创造力激励间形成了一对矛盾，合同的制定需要特别的考虑。Ulset（1996）[168]认为，这些风险的解决不同于"投机问题"，并不在交易成本理论框架内，而是需要结合产权理论来解决。Ulset（1996）[168]所提出的这几个风险，虽然并非直接的"投机问题"，但依然包含了"投机"性因素，无法独立于交易成本理论。本书认为知识获取会面临的知识有限供给、非适应性、知识互补性及知识协调性等问题，这些问题对知识创造产生直接影响。

交易成本理论以有限理性和"投机"作为行为分析的基础，强调知识交易过程中所面临的"负面影响"，企业的行为边界基于回避交易的"负面效应"而被确定（Conner，1991）[169]。以交易为基本分析单元，从最小化成本出发，构建一个系统的理论，符合经济学范式。以交易成本理论为基础所构建的知识治理边界是以发生交易为前提，而交易的发生必须以商品或服务的存在为前提。若交易的对象不存在时，交易也就无法进行，交易成本理论便不再适用。实际上，创新过程中知识获取常常遭遇独占性供给问题。创新过程涉及知识交易，却不以此为目的，而是以新知识创造为核心。比如，研发外包与合作研发都存在较大的产出不确定性，交易的发生前提是这种不确定性定价，而不是成本的节约，交易成本理论作为工具难以反映企业在创造性活动上的行为选择。

（三）基于知识的企业理论与知识治理

基于交易成本的企业理论一直是研究企业边界的主要工具，但对于企业的异质性以及相似激励下企业不同市场竞争绩效解释并不充分（顾乃康，1997；王雎，2009）[56,170]，有必要重新认识企业的本质问题。

一般认为，基于知识的企业理论的直接理论来源，是人们探讨企业竞争优势根源时所形成的企业资源基础理论①，但只将知识视作最为重要的资源，目前并未形成完整的理论框架。Grant（1996）[171]认为，知识具有五个特性，分别是可转移性、可累加的能力、收益占有性、知识获取的专业化，以及生产的知识需求。以这五个特性为基础，Grant（1996）[171]认为企业的核心是创造知识而不是利用知识，生产过程对于知识的需求要求集成不同专业化个体的生产性活动，市场面临隐性知识流动和显性知识溢出下存在失灵而无法承担有效协调各专业个体行为，以科层制为基础的组织则可以胜任。在基于知识的企业理论中，最为关键的理论基础是隐性知识（Tacit Knowledge）的存在。

隐性知识首先出现在波兰尼在1958年的《个体知识》一书中，用于表达人类难以形式化的知识，这类知识由持有人所拥有却难以言传，似乎比他所能解释的要懂得更多。学者由个人联系到组织，认为知识为个人所持有，但却是成员相互协作组成的团体按照一定规则展现出来（Kogut 和 Zander，1992；Grant，1996）[171,172]。这句话包含两层含义，首先，知识间的互补性是企业的基础，体现在组织成员的相互合作；其次，企业是协调不同知识或不同领域的人的一套制度。Nelson（1982）[173]认为，拥有技术"知识"是整个企业作为一个有组织的实体的一个特点，是不能被分解为任何个人知道的东西，或者不能被分解为企业一切各式各样的个人、设备和装置的资格和能力的简单的综合。也就是说，企业的存在建立了一套协调不同领域人员相互合作、重构人与人之间关系的制度。在企业所提供的背景下，各成员相互作用形成了由各种显性知识与隐性知识所组成的，为企业所拥有而不是个体所拥有的知识资本资产。因此，即便两个拥有相同有形资源和显性知识的组织，也会由于隐性知识的存在而有着根本性的差异。隐性知识决定了知识具备两大特性：可编码性与复杂性。这两个特性导致知识扩散的粘性，知识的价值

---

① 企业资源基础理论由 Wernerfelt（1984）提出。该理论的核心命题是企业若要维持可持续竞争性状态，则必须获得和控制有价值的、稀有的、难以模仿的、不可替代的资源和能力，且按照适当的组织来吸收和利用它们（Kraaijenbrink 等，2010）。

无法准确评估，企业也无法通过市场交易获得完全的知识，只能依托内部知识集聚，从而决定企业的边界。从效率角度出发，可以认为企业存在的原因是在组织内的知识共享与转移更具效率（Kogut 和 Zander，1992，1993；Nickerson 和 Zenger，2004）[118,172,174]。这样基于知识的企业理论解释了企业的异质性与存在性问题。

根据上述代表性的观点，我们可以总结基于知识的企业理论的核心观点。经济活动对知识的需求要求按照一定规则集成不同专业化个体，由于隐性知识和显性知识溢出的存在，导致市场无法有效协调不同专业化个体，企业的存在作为协调性制度在知识转移、共享和创造上更具优势，各组织成员在企业的基础上相互作用，形成了由显性知识和隐性知识组成的知识实体。企业作为组织形式的存在是为了经济化知识交换（Kogut 和 Zander，1992，1993）[172,174]，而不是以缓和"投机"风险为目的（Ghoshal 和 Moran，1996；Nickerson 和 Zenger，2004）[118,175]。Conner（1991）[169]则认为企业边界内集成各种活动是作为"积极的创造者"，而不是成为"消极的回避者"。这些观点与以知识获取为核心的知识治理问题相契合，也间接说明了基于知识的企业理论适合作为分析创新的理论工具。

本书关于知识边界的构建过程，是从企业策略选择概率的角度来构建的，若将每个问题求解所需的知识集合视作一个整体，知识集合由内部获取知识与外部获取知识共同组成。从而知识边界将这个集合分为两部分，从外部获取的知识与从内部获取的知识，边界以内则等价于企业的能力范围。从这个意义上来说，知识边界便是企业边界，知识治理过程便是企业边界变动过程。目前，建立在该理论基础之上，关于知识治理的系统性分析框架不多。基于知识的企业理论的两个基本观点，分别是组织成员间或不同知识间的互补性是基础，组织是作为协调性制度存在，因此本书认为不同治理模式下内外源知识的互补性和不同治理模式的协调性存在异质性，会对企业知识创造产生影响，进而影响了企业策略的选择。

二、以价值创造为目的的知识治理

企业实施开放式创新，需要引进来源于外部的知识，建立以知识边界为基础的治理机制，促进知识创造。交易成本理论者在确定企业知识治理边界时，认为异质性主要体现在"机会主义"，着重强调的是"成本的节约"。本书认为知识交易对象的异质性还体现在不同来源知识互补性和不同模式的协调性上，着重强调的是以"价值创造"为目的的知识创造。

（一）外源知识的特性分析

1. 外源知识的互补性

较多文献在探讨技术引进的影响时，着重关注其对自主创新能力是起促进作用还是抑制作用。当技术引进与内部研发能力正相关时则互补，当技术引进与内部研发能力负相关时则存在替代效应。Mowery（1983）[24]较早就对该问题进行了深入的研究，以独立研发组织作为对象，研究了企业契约研发行为与自主研发间关系。Mowery（1983）[24]发现独立研发组织的存在作为企业内部研发的替代的传统观点并不成立，而互补性特征却非常明显，主要原因是外部研发组织的服务供给的有限性和企业自身有限的科研能力。Sen 和 Rubenstein（1989）[147]在外部获取技术越来越普遍的背景下，考察了内部研发在外部技术引进的各阶段的作用和参与度，对内外知识获取的互补性机制进行了微观分析，提出有效集成内外源技术最具竞争力。事实上，从理论上探讨二者关系的研究并不多，多数学者更多地从经验上寻找互补的证据，较为代表性的有 Veugelers（1997）[143]、Veugelers 和 Cassiman（1999）[32]、Cassiman 和 Veugelers（2002）[33]、Caloghirou 等（2004）[176]、Cassiman 和 Veugelers（2006）[50]。从企业层面上的经验证据显著地支持互补性的观点，学者往往将会默认这种互补性，尤其在知识内生理论（Romer，1986）[177]、

吸收能力理论 (Cohen 和 Levinthal, 1989, 1990)[5,6]、合作研发 (D' Aspremont 和 Jacquemin, 1988)[136] 等领域的关于知识溢出模型,通常会将外部知识以与内部知识直接累加的形式来表达互补性特征。

尽管内外源知识更多地表现为显著的互补性,但不同模式下互补性会存在差异,这种差异性主要体现在为满足问题求解时的效率差异。同一个问题,并不局限在有且唯一的求解办法,不同外部知识与内部知识的组合或外部知识与内部知识的不同组合方式构成了求解方案的多样性,因此知识供给存在多样化,而行为主体总会倾向于效率最高或最具价值的知识组合。

在基于知识观的创新过程中,企业面临不同来源知识的选择,部分模式以现货形式交易,如知识溢出与知识购买,部分形式则以未来的期望成果作为交易,如研发外包、合作研发及合资研发,而并购则既有以现货形式的技术专利和有形资产也有其自身所蕴含的研发能力,这些模式的差异性表明了知识交易的独特性。即便是相同的模式,往往也难以生成相同的知识。以现货形式存在的专利知识或专业设备,受到知识产权法律的保护,通常无法复制而具有唯一性,其供给也具有垄断性特征;而以研发能力差异性相区别的承包商或合作方或标的企业,由于隐性知识的存在,即便可形式化具体的知识创作需求,创造性活动的产出也会千差万别。企业在实施开放式创新时,不同模式的互补性也是需要考虑的重要因素。

2. 外源知识的协调性

产业组织理论关于协调机制的研究主要由代理、偷懒行为、机会主义等问题占主导 (Grant, 1996)[171],这些问题的发生源自于各行为主体利益目标的非一致性,从而形成了以调和个体目标发散为主要任务,以等级制为基本结构的组织内互动机制,协调的内涵是人与人之间的关系的有效组织。若将组织视作人与人之间关系所构成 (温承革等, 2004)[178],企业管理的本质便是协调,与该协调理论相对应协调机制有市场机制、官僚机制和家族机制,组织设计最核心的因素是人。

然而,除了人的关系,协调还需要推动组织内部各项生产性活动相互协调，即生产活动符合客观规律。人的有限理性与隐性知识的存在决定了不同知识主体间的互补关系并非一蹴而就，要实现企业内部知识与外部知识的有效组合，只能以反馈和程序化[1]方式进行持续性相互调整才能达到目的。人们将按照一定原则汇集或合作以创造满足社会所需的各种产品和服务。Grant（1996）[171]认为，这种原则应该是工艺技术需求特征，相应的协调机制的职能是围绕如何有效汇集组织成员的同时最小化组织成员间的知识转移。

创新过程作为问题求解过程伴随着大量的试错行为（Simon，1962）[116]，各种知识的汇集必须存在某种协调性机制，通过方案的调整来达到最终的目的。Van de Ven 等（1976）[179]按照协调的程序化度与反馈频率，提出组织内存在三种协调模式，分别是非个人协调模式、个人协调模式与团队协调模式，模式选择的决定性因素主要有任务不确定性、任务相互依赖性和工作单元规模。Thompson（1996）[180]考察了专业知识主体及参与企业生产形成的关系特征，认为存在三类相互依赖关系，分别是可累积型、序贯型和互惠型。Grant（1996）[171]在 Thompson（1996）[180]的基础上提出任务中的相互依赖关系类型决定了相应的协调特征，如可累积型要求协调更具规则性，序贯型要求协调更具规划性，互惠型要求协调更具相互调整。Van de Ven 等（1976）[179]、Thompson（1996）[180]及 Grant（1996）[147]所提出的协调模式都未考虑组织内部与外部相互关系对协调机制的影响，因此其理论并不涉及企业边界的选择，而是以组织内部管理为主。创新过程具有特定的协调性要求，如 Sen 和 Rubenstein（1989）[147]从外部技术引进过程中，探讨了内部研发所发挥的协调性作用。创新过程中，企业面临内部与外部间大面积知识流动，由于外部知识产权、管理权以及非适应性问题[2]的存在，内外源知识间相互关系会产生协调的异质性，导致无法依赖组织内协调机制来有效处理组织间的协调要

---

①　这里的程序是指预先设定的计划、日程、预测、正式的规则、政策、流程、标准化的信息和沟通系统（Van de Ven 等，1976）。

②　所谓的非适应性问题是指 Arrow（1962b）提出的关于知识交易引致的一对矛盾：需求方不了解信息则无法确定信息的价值，而一旦了解了信息，信息便失去了价值。购买方由于无法掌握足够的信息来确定交易对象满足需求的程度，事实上由于隐性知识的存在也会引起该问题的发生。

求，为确保协调的有效性，往往寻求知识治理边界的变化来满足要求。

（二）外源知识特性对知识治理的影响

本书以 Van de Ven 等（1976）[179] 的协调理论为基础，探讨企业实施开放式创新时，协调性对企业治理模式选择的影响。参考 Van de Ven 等（1976）[179] 的做法，将企业实施开放式创新时，自身行为主体与外部知识来源主体间的协调模式分为程序化协调模式（一种客观的非互动机制）、非程序化协调模式（一种互动机制），其中非程序化协调模式又分为组织内互动机制和组织间互动机制。程序化协调模式是指结构清晰的程序化机制，包括预先设立的计划、日程安排，正式的规章、政策、流程，标准的信息与通信系统，这样组织间和组织内的知识流动以既定程序按部就班集成。由于彼此间反馈、知识转移、调整等交互作用程度降到了最低，产权、管理权与非适应性问题并不会加大协调难度，这种机制协调难度小，成本低，效率高。组织内互动机制则是指实现了组织一体化，内部知识通过纵向与横向渠道进行调整。由于不存在产权和管理权问题，等级制下的组织内知识服从权威的配置与调整；非适应性问题主要来自于隐性知识的存在，效率较高，协调成本适中。组织间互动机制是指不同组织间通过定期或不定期会议形式进行交互作用。这种模式涉及面广，知识转移和交互程度大，产权问题、管理权与非适应性问题会加大协调难度，成本高，效率低。应该说，每种协调模式都有自己的特点，适合不同的协调要求。

具体选择哪种协调模式，主要取决于所面临的问题性质。问题越是可细分为不同的子问题或子任务，则意味着不同行为主体间的相互作用程度越低（Van de Ven 等，1976；Nickerson 和 Zenger，2004）[118,179]，对于协调的要求也越低；创新越是不可细分，则不同行为主体间的互动越多，对于协调的要求也就越大。问题的规模同样对协调有着要求，越是规模大的创新，相应的知识需求会越大，这等价于要求更多时间投入和更多人员参与问题求解过程，从而导致协调规模的扩大。因此，创新规模越大，协调的要求也越大，协调成本也就越高。问题的独特性对协调的影响主要体现在知识转移上。独特性的问题，相应的知识需求较为独特，为满足问题求解不同主体间需要较大程度的知识转移；而普遍性问题的求解，通常具有较为标准化或规范化的范式，并不需要太多的知识转移和交互。因此，问题越是独特，协调的需求越大；问题越是普遍，协调的要求越小。

为了便于分析问题性质与协调模式的关系，将问题三个性质特征分别用高、中、低或大、中、小三个档次来考量，不同协调模式匹配不同的问题性质。其中，程序化协调模式较为匹配的是高可细分性、高普遍性、规模小的问题。组织间互动机制较为匹配的是低可细分性、低普遍性、规模大的问题。组织内互动机制较为匹配的是中可细分性、中普遍性、中等规模的问题。协调模式与问题性质的关系如表 3－2 所示。

表 3－2　协调模式与问题性质的关系

问题性质	程序化协调模式	非程序化协调模式	
		组织内互动机制	组织间互动机制
可细分性	高	中	低
规模	小	中	大
普遍性	高	中	低

组织内互动机制与组织间互动机制的差异，主要源于产权、管理权及非适应性。而不同的产权和管理权表示不同的一体化程度，对应不同的治理模式。因此不同的治理模式可达到不同的协调要求，如表 3－3 所示。

表 3－3　治理模式与协调模式

	知识溢出	知识购买	研发外包	合作研发/技术战略联盟	共同合资研发	并购
协调机制	组织内互动机制	程序化协调为主；其次组织内互动机制	首先是组织间互动机制；其次是组织内互动机制	以组织间互动机制为主，随着一体化程度递减；组织内互动机制则递增	以组织内互动机制为主，随着一体化程度递增；组织间互动机制则递减	组织内互动机制
非适应性	特别高	非常高	较高	一般	较低	非常低

知识溢出、知识购买和并购三类知识获取模式相应的协调模式较为单一。知识溢出是来自于外部的非补偿性的自愿或非自愿的信息泄露，严格意义来说并非知识交易，所谓的协调是依托组织内协调机制积极吸收外部知识。知识购买模式属于完全市场化模式，交易对象是以现货形式存在的专利、非专利技术或物化知识，定制程度低，知识交易双方相互作用程度低，以程序化协调为主，组织间互动机制主要是围绕需要实施适应性调整及专业培训。并购模式属于外部知识内部化，组织间互动机制完全转变为组织内互动机制。研发外包、合作研发及合资研发三类模式的协调性对应于不同的产权与管理权。伴随企业在知识交易中产权和管理权的上升，知识供给定制程度加深，非适应性问题会被弱化，同时供需双方的相互作用程度增加，反馈在协调机制中的作用不断提升，组织间互动机制呈下降趋势，而组织内互动机制呈上升趋势。

综上所述，不同外部知识获取模式需要不同的协调机制，且面临的协调成本和协调效率也有较大差异，企业在内外源知识获取的协调效率与成本上的需求是决定知识治理边界的主要因素之一。

（三）模型构建

企业进行外部知识获取的主旨在于满足创新过程中知识的需求，外部知识获取模式既存在知识互补性上的异质性，也存在内外源知识获取协调上的异质性。为了更好地说明这两种异质性对企业知识获取策略的影响，本书参考 Nickerson 和 Zenger（2004）[118] 的理论和 Puranam 等（2013）[181] 的模型，以更简单的数理形式来说明该理论观点。

Nickerson 和 Zenger（2004）[118] 基于问题求解视角构建了一个知识搜索模型，模型总体上分为三步。第一，确定有价值的问题。问题的价值取决于两个因素，分别是各种解决方案的价值和发现有价值方案的成本。第二，将各种知识组合集（解决方案）量纲化为地形，地形越是崎岖，代表的知识组合互补性越高，相应的价值越大；反之，则越小。第三，企业管理者面临的任务是组织有效的搜索，寻找最具价值的解决方案。实际上这里的组织搜索是对知识治理模式的形象化。Nickerson 和 Zenger（2004）[118]构建了一个以知识为基础的知识治理理论，该理论同样并不以交易成本理论为基础，却与本书的观点类似。如关于问题价值的两大决定因素，等价于企业利益最大化的两大原则；知识组合集反映了企业互补性的异质特征；而组织搜索成本最小化等价于协调性特征。

假设企业为实现创新（工艺或产品）所需的知识投入为 1，依托内部投入知识占比为 x，y 为外部获取知识投入占比，满足 x + y = 1，相应的总成本支出为 C（x，y）。在市场一定的情形下，创新的价值也会被确定。为便于讨论，假设创新的价值不变，在确保创新实现的前提下，企业面临的最大化利润问题等价于最小化知识获取总成本。内部投入知识与外部获取知识间存在互补性。根据 Cohen 和 Levinthal（1989，1990）[5-6]的观点，这种互补性体现在内部研发增加利于外部知识的识别与吸收，外部知识则能弥补内部研发的不足。为了表示这种效应，我们用内外源知识获取成本降低来衡量。良好的协调性是确保内外源知识实现有效组合的基础，为获取良好的协调性，必须扩大产权和管理权，但这会导致相应的外部知识获取成本的提升。为了对协调性进行考量，假设协调性与外部获取成本呈正相关，与内部获取成本负相关，企业面临如下问题：

$\min C(x, y)$

$s.t. \; x + y = 1$ $\qquad\qquad(3-1)$

又假设总成本函数如式（3-2）所示：

$C(x, y) = x \times in(x, y) + y \times ex(x, y)$ $\qquad(3-2)$

其中，in（x，y）为内部获取知识的平均成本，ex（x，y）外部获取知识的平均成本，表达式如式（3-3）和式（3-4）所示：

$in(x, y) = \frac{i}{2} \times x - cor \times k_1 \times y$ $\qquad\qquad(3-3)$

$ex(x, y) = cor + \frac{j}{2} \times y - cor \times k_2 \times x$ $\qquad(3-4)$

其中，k_1、k_2 衡量内外源知识相互间的互补效应。在这里，作为同一的知识，表现为有利于彼此获取成本的降低，因此可设为 $k_1 = k_2 = k$，$k > 0$。cor 衡量的是内外源知识间的协调性。i 和 j 表示加大单位知识投入所引致的边际成本变化的系数，反映了知识投入的规模约束，边际成本变化系数越大则意味着规模约束也越大，资源投入效率越低。

将式（3-2）、式（3-3）、式（3-4）代入式（3-1），在约束条件下求得均衡解①如下：

$$x^* = \frac{j + cor + 2cor \times k}{i + j + 4cor \times k} \tag{3-5}$$

$$y^* = \frac{i + 2cor \times k - cor}{i + j + 4cor \times k} \tag{3-6}$$

从式（3-6）可以看到，当 $i \leq cor(1-2k)$ 时，$y^* = 0$ 才成立，意味着只有当内部知识获取效率足够高时，企业才不会从外部获取知识。反过来，也意味着当内部知识获取达到 $cor(1-2k)$ 时，则企业会选择从外部获取知识。由于 $cor(1-2k)$ 与互补性 k 负相关，因此外部知识越具互补性，企业越易于从外部获取知识。那么外部知识获取是否会完全替代内部知识获取？由式（3-5）可以看到，外部知识获取面临规模约束以及协调性成本，即 $j > 0$ & $cor > 0$，则必然有 $x^* > 0$，意味着外源性知识无法完全替代内源性知识。

那么，外部知识获取何时多于内部知识获取？令式（3-5）与式（3-6）相减，有 $x^* - y^* = \frac{j + 2cor - i}{i + j + 4cor \times k}$。根据 $x^* - y^*$ 的符号可以判断，当内部知识获取的效率约束超过阈值 $j + 2cor$ 时，企业会更偏向于外部知识获取。由于 $j + 2cor$ 与外部知识获取规模约束和协调成本正相关，这意味着外部知识获取效率越高、协调成本越低，企业越会倾向于外部知识获取。

将均衡解（x^*，y^*）分别对 cor 求导得：

---

① 为节省篇幅，本书不列出相应二阶导表达式，易求得二阶导明显大于 0，因此均衡解为最小化值问题均衡解。

$$\frac{\partial x^{*}}{\partial cor} = \frac{i + j + (i - j) \times 2k}{(i + j + 4k \times cor)^{2}} \tag{3-7}$$

$$\frac{\partial y^{*}}{\partial cor} = \frac{i + j + (i - j) \times 2k}{(i + j + 4k \times cor)^{2}} \tag{3-8}$$

当 $i > j$ 时，有 $\frac{\partial x^{*}}{\partial cor} > 0$ 与 $\frac{\partial y^{*}}{\partial cor} < 0$。这并非表明，知识的内部获取的规模约束大于外部获取的规模约束时，企业反而越倾向于内部获取。由 $\frac{\partial x^{*}}{\partial i} < 0$、$\frac{\partial y^{*}}{\partial j} < 0$ 可知，规模约束越大事实上会抑制该知识获取途径的选择。若不考虑协调性，即令 $cor = 0$，则有 $x^{*} < y^{*}$。式（3-7）和式（3-8）表明，当 $i > j$ 时，若为强化协调性，外部知识获取成本的增加会大于更具协调性外部知识所引起的成本下降。故有如下观点：

观点 3-1：即便知识的内部获取的规模约束大于外部获取的规模约束，协调性成本会抑制企业选择更具协调性的治理模式。

当 $i < j$ 时，若 $k = \frac{i + j}{2(j - i)}$，则有 $\frac{\partial x^{*}}{\partial cor} > 0$ 与 $\frac{\partial y^{*}}{\partial cor} < 0$；若 $k > \frac{i + j}{2(j - i)}$，则有 $\frac{\partial x^{*}}{\partial cor} < 0$ 与 $\frac{\partial y^{*}}{\partial cor} > 0$。这表明，当知识的内部获取的规模约束小于外部获取的规模约束时，企业的策略选择受知识互补性的影响。若知识互补性较低时，内部获取与协调性呈正相关，外部获取与协调性呈负相关；若知识互补性较高时，内部获取与协调性呈负相关，外部获取与协调性呈正相关。故有如下观点：

观点 3-2：即便知识的内部获取的规模约束小于外部获取的规模约束，若外部知识互补效应较高，企业也会选择更具协调性的治理模式。

（四）知识治理边界的确定

如果将内外源知识获取的规模约束视作效率，内外源知识的互补性视作价值创造，协调性视作相应的治理边界的替代变量，则上述模型阐述了关于企业知识获取上两个层面的问题——企业内外源知识获取的策略选择和外部知识获取的治理。

曾楚宏和林丹明（2005）[182]、曾楚宏等（2008）[183]认为企业边界具有两重性，以能力为边界和以规模为边界。我们持类似观点，本书在此强调价值创造，并非要否定交易成本理论在企业知识治理边界的贡献，而是试图从全新的视角来考察知识治理问题。本书重点是考察企业创新过程中，内外源知识获取策略选择机制，从机制的整体角度出发，发现企业的策略选择并非是离散性的，若将创新过程分解为连续的问题集合，则企业的策略选择具有连续性、系统性和多面性特征。结合上述关于互补性与协调性的讨论，以及交易成本理论中关于"投机"风险对知识治理边界的影响，我们可以在知识边界的基础上，形成最终的企业知识治理边界。

观点3-3：企业知识治理边界位置主要受三个要素的影响，分别是互补性、协调性以及交易成本，遗漏互补性和协调性因素时，会导致基于交易成本理论所形成的知识治理边界下偏，即加大外部知识获取策略选择倾向。

仅考虑交易成本，企业面临的选项会更多。当企业考虑互补性，即外部模式生产的知识在互补性上必须满足企业需求，互补性要求会减少外部获取的选择集合；进一步考虑协调性，只有更具协调性的外部模式才有利于企业配置企业内外知识资源，提高企业创新效率，协调性会进一步减少选择集；而在考虑交易成本时，过大的交易成本会减少外部获取的选择集合。

本书的主要目标是考察企业创新过程中的策略选择机制，并不会针对某项策略选择进行深刻的分析。本书并不试图针对策略的离散性选择进行研究，而是基于知识的企业理论作为工具，通过构建企业的知识治理边界来论述企业实施开放式创新的运行机制。此外，知识治理边界的意义在于，其特征是企业是否实施创新的重要因素，过高的知识治理边界意味着企业外部获取知识难度太大，满足知识需求的唯一途径是"自制"，而知识治理边界较低，则意味着所需知识存在广泛供给，创新者可以按照成本收益原则进行选择。

三、案例分析

（一）研究设计

1. 分析思路与案例选择

Yin（2009）[184]认为选择研究方法要考虑三个条件①，不同条件下对应不同的研究方法。我们要回答的核心问题是"企业面临知识需求时是如何决策"，这是个解释性的问题，而且也不需要对企业进行控制，研究的问题是当前正在发生的，这些条件满足选择案例分析的前提。最主要原因是，上述知识获取理论是建立在创新的微观基础之上，理论具有系统性，必须结合企业或产业实际，通过观察和思考才能发现企业策略选择机制是如何发生作用的。有鉴于此，为更好支撑上述理论分析，本书运用案例分析工具，通过分析现实经济企业活动寻找证据。分析思路遵循上述理论逻辑框架，首先观察创新过程中所遇到的问题性质，然后针对企业面临创新时的知识边界以及外部知识供给状况进行定性分析，结合知识的互补性、协调性及交易费用，对企业的创新决策进行比较分析。需要强调的是，在知识治理理论分析中，我们将创新过程视作问题集，假设知识边界具有连续性，在案例分析中我们则着重关注主要的技术来源，知识边界呈离散性。

案例分析不同于计量经济学，案例分析的目的是归纳，将理论分析与现实现象进行联系，考察理论与现实的契合度，并不需要大样本数据，案例选择并不是以随机抽样的方式获取，但对于案例的选择要求具有特殊性和典型性。本书的案例选择存在两个基本要求：一是企业行为必须是创新为主，二是企业知识边界涉及内外知识流动。理论分析涉及知识治理模式选择的问题，

---

① 三个条件分别是：所要回答的类型是什么，对研究对象的控制程度，研究的重心是当前发生的还是过去发生的。

案例分析难以观察到如此微观的企业行为，因此只能通过考察多个不同治理模式下的创新案例的特征，然后进行对比分析，而且多案例分析更具说服力。本书选择三个典型创新案例进行对比分析，这三个创新案例分别是微软公司的 MS - DOS 操作系统、小米科技公司的小米手机、星唯科技公司的新能源汽车运行状态实时监控与模拟仿真关键技术研究及应用，涉及知识溢出、非专利许可、研发合作以及外包模式。这三个案例分属不同行业，创新发生时间并不相同，这些因素不会对本书所要研究的问题产生重要影响。

2. 数据收集

案例研究可用的证据来源包罗万象，最常见的证据来源有六种，即文献、档案记录、访谈、直接观察、参与性观察和实物证据（Yin，2009）[184]。在案例研究中，使用多种来源的资料有利于研究者全方位地考察问题——历史的、态度的、行为的，这种方式最大的优点在于相互印证，也就是印证三角形（Yin，2009）[184]。本书主要采用四种证据来源。第一种是文献。与创新案例有关的研究文献、数据统计或书籍等。第二种是访谈。根据研究领域，拟定需要了解的问题，形成访谈提纲，对创新案例实施人员进行访谈，请他们提供和核实有关信息，并就本书的主要研究结果提出看法。第三种是直接观察。观察创新案例的企业行为或产品。第四种是创新案例内部的各种数据和材料等。由于本书选择了多个创新案例，每个案例的数据收集方法并不一样。微软公司已经有较多学者对其进行研究并取得较多成果，这里主要是通过文献方式；小米科技案例也有较多文献涉及，主要是通过文献和直接观察；星唯科技案例通过访谈、直接观察和内部的数据与材料。

（二）创新企业概况

1. 微软公司

1975 年 4 月 4 日①，比尔盖茨与保罗艾伦于美国新墨西哥州的阿尔伯克

---

① 在李莫凡（2008）和王超华（2011）的书中，以及维基百科的介绍中，微软成立的时间为 1975 年 4 月 4 日。在 Allen（2012）的书中，微软成立的时间应该是 1975 年 7 月。

基市的创办微软公司，专注计算机语言开发，以 Basic 解释器为主导产品。1979 年 4 月，主导产品 Basic 解释器成为首个销售过百万的微型计算机软件产品。1980 年 11 月 6 日，微软与 IBM 达成合作协议，微软向 IBM 的个人计算机项目提供 Basic 程序和磁盘操作系统 DOS。1981 年 2 月，MS - DOS（IBM 称为 PC - DOS）第一次正式运行。1984 年，MS - DOS 占据计算操作系统市场的统治地位，市场调查显示 81% 被调查者是 MS - DOS 用户。20 世纪 80 年代末，市场出售 MS - DOS 操作系统达 3000 万套。1985 年 11 月 20 日，采用图形界面操作系统 Windows 1.0 问世，其后推出一系列 Windows 操作系统并占据市场主导地位。1989 年推出 Mac 版 Microsoft Office 办公软件套装，1993 年 8 月 30 日首次发布 Windows 版 Office 3.0，其后 Office 系列软件占据市场主导地位。目前，公司发展成为一家跨国计算机科技公司，以研发、制造、授权和提供广泛的计算机软件服务业务为主。

2. 小米科技[①]

小米公司正式成立于 2010 年 4 月 6 日，是一家专注于高端智能手机自主研发的国内知名移动互联网公司，由雷军联合六位创始人[②]共同创办，注重硬件、软件以及互联网服务为一体的三项服务，旗下核心业务是小米手机、MIUI 和米聊。小米科技首创了用互联网模式开发手机操作系统，60 万发烧友参与开发改进的模式。2011 年 8 月 16 日，第一款小米手机正式发布。2011 年 9 月 5 日小米手机网络订购开放，预订超 30 万台。此后，继续以网络平台作为主要营销模式，2013 年全年销售量达 1870 万台。目前，公司发展成为中国最主要的基于安卓系统的智能手机供应商之一。

3. 星唯科技[③]

星唯科技成立于 2007 年，是亚哲国际电子集团旗下负责中国区市场运营的公司，专业提供政企车辆及业务流程管理全面技术支持，以科技为本，服

---

① 资料来源于小米科技公司官方网站介绍，http://www.xiaomi.com/c/about/。
② 六位联合创始人分别是总裁林斌及五位副总裁黎万强、周光平、黄江吉、刘德、洪锋。
③ 资料来源于公司内部。

务至上的高新技术企业。产品范围从基本的车辆位置管理型北斗/GPS 出发，全面拓展产品线，形成包括 ID 卡身份识别监控、驾培管理、汽车行驶记录仪、3G 视讯、油量监控、门控管理、温度监控、汽车数据采集器、手表型、枪械监控、监狱管理等六大品类，多达一百多种产品。

（三）创新案例特征分析

1. 创新的背景

（1）微软是在信息技术风起云涌背景下诞生的。在其从事操作系统和文字处理软件之前，比尔盖茨和保罗艾伦依赖于自主创新开发了 Basic 编译器，在这个基础上为整个产业提供了 FORTRAN、COBOL 和 Pascal 语言程序而独占鳌头。1979 年，通过购买 AT&T 授权的 Unix，微软第一次试图进入计算机操作系统。1980 年 8 月 25 日发布面向 16 位处理器的 Xenix，但未达到预期目标（Allen，2012）。微软在操作系统上的成功始自 MS – DOS。微软开发 MS – DOS 操作系统，缘于与 IBM 合作的"象棋项目"，IBM 要求其提供所有 16 位机器的编译程序。其后，IBM 主管萨姆斯咨询微软是否能提供一个 16 位操作系统。微软向其推荐数字研究公司，并联系该公司主管加里基尔代尔，希望数字研究公司能与 IBM 建立合作①。数字研究公司并未意识到与 IBM 合作的重要性，没有把握这次机会，导致 IBM 放弃与其合作。为防止 IBM 与数字研究公司合作失败所引发的整个项目的流产，微软考虑自行提供操作系统。MS – DOS 是微软在面临时间紧迫和缺乏核心技术压力下的创新成果。

（2）小米科技的产品理念是"为发烧而生"。2007 年，国务院取消有关移动通信系统及终端的牌照核准发放制度，手机制造行业的行政壁垒消除，数百手机厂商进入"混战"时代。小米科技成立之时，整个产业所处的环境特征为：一是智能手机作为移动网络产业的载体代表了未来确定无疑的趋势，

---

① 当时 IBM 被称为"蓝色巨人"，在大型计算机领域市场份额超过 2/3，与其竞争较近的七个企业宝来、Control Data、RCA、GE、霍尼韦尔、UNIVAC、NCR 则被称为"七个小矮人"，微软此时年销售额刚达上百万，能与 IBM 合作，被诸多公司视作一种业内认可。

移动消费市场迅速扩大，二是智能手机系统存在 iOS、Android 和 Windows Phone① 三大阵营，三是市场结构为以苹果、三星、谷歌、摩托罗拉、HTC、索爱、LG、微软、华为、OPPO 等为主导的寡头竞争。小米科技在其生产手机前，没有手机设计、研发和制造经验。小米手机是在高举差异化产品旗帜下进行的创新。

（3）星唯科技是以 GPS 技术应用为核心业务的科技型公司。中国 GPS 行业以消费应用为主，主要产品是前装 GPS、改装 GPS、PND、GPS 手机、GPS 测绘仪器等。随着车载导航与手机导航的普及，消费市场迅速膨胀，庞大的市场以及技术门槛不高，导致大量厂商涌入，竞争日趋激烈。市场细分化是 GPS 产品未来的必然发展趋势，产业发展趋势则是导航地图市场资本运作密集以及终端企业逐步整合。星唯科技要在激烈市场竞争中实现突破，不能再停留在消费终端制造上，而是围绕 GPS 应用实现蓝海策略，开拓企业级高端客户，建立硬件、软件以及内容供应一体化的供应商。星唯科技的创新项目是在已有技术、生产及营销优势的基础上转变模式、向企业级高端客户拓展的。

2. 创新的性质及所面临的知识边界（见表 3-4 和图 3-1）

（1）微软面临的创新情形。为成功实现与 IBM 合作，微软决定自行向其提供操作系统。之前通过许可方式获取的 Unix 操作系统更适应大型计算机，不满足 IBM 个人计算机要求（Allen，2012）[185]。此时，公司的知识与能力特

表 3-4　三个案例的创新性质特征对比

企业名称	可细分性	复杂性	独特性
微软公司	较高	非常高	非常高
小米科技	较高	非常高	较低
星唯科技	普通	普通	较高

---

① 在 Windows Phone 发布之前，微软的移动产品系统是 Windows Mobile。

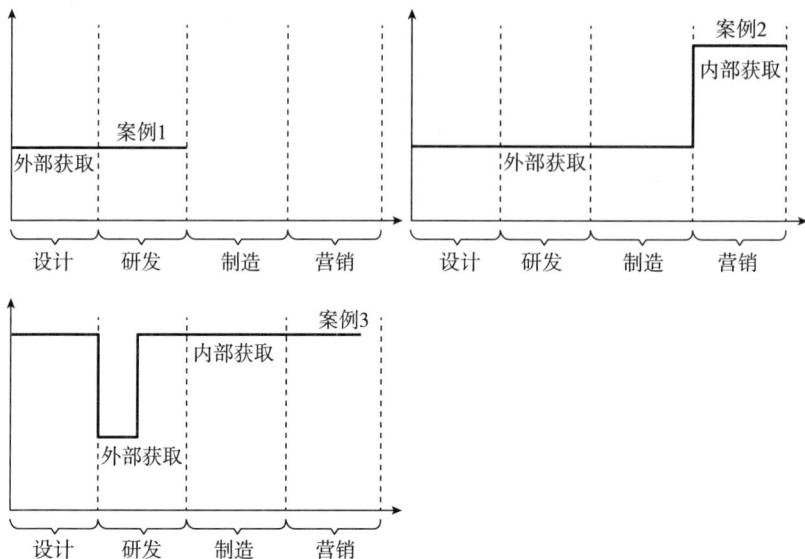

图3-1　三个案例创新时所面临的知识边界

征为：一是创始人以及员工拥有无与伦比的研发和创造能力，二是公司在操作系统领域的知识储备非常有限。"象棋项目"所需操作系统的性质虽然在任务划分上可细分性程度较高①，但复杂性以及独特性也非常高。后两者成为抑制知识供给的主要因素。在一定时间内，由于高度复杂性，微软无法通过内部供给产生一个全新的16位操作系统，在该项目上所面临的知识边界在设计和研发环节上都非常低。外部知识供给如何？独特性导致外部供给非常少。信息技术产业作为一个新兴产业，主要特征是并没有占主导的标准或设计②。微软所面临的时机恰好是个人计算机来临前的黎明，计算机依旧是个

---

① 软件开发往往会将任务按模块划分，进一步按照类型划分，然后按函数划分。

② 现代电脑特征为开机即用、接口统一，标准化为五个部分组成，分别是运算器、控制器、存储器、输入与输出设备，前两者合称为CPU，操作系统以Windows和Mac OS为主。早期的电脑使用者主要是企业、机构和电脑爱好者，计算机组成部分是运算器、控制器和存储器，输入输出设备还需自备，接口不统一，并非开机即用。

非常复杂的新事物，存在十来个不同类型处理器及其相匹配的操作系统①，这些系统难以在其他机器上根植。但英特尔 8 位处理器 8080 逐渐占据竞争优势，其相应的数字设备公司开发的操作系统 CP/M - 80 成为应用最广泛的系统。"象棋项目"采用的是最新的 16 位的 8086 处理器，市场缺乏相应的操作系统，快速途径只能将 8 位的 CP/M 系统升级为 16 位。知识外部供给虽然少，但外部知识获取途径成为满足创新需求的主要路径。

（2）小米科技面临的创新情形。小米科技成立前，创办人雷军对移动互联网的关注长达五年，认为其代表未来的发展趋势，提出软硬一体化体验才是关键（姜洪军，2013）。在手机项目实施前，雷军拥有丰富的电商经验②，但未涉及手机生产领域的知识，也未拥有涉及手机产业的团队。创办人的知识和能力特征为：一是具有丰富的软件研发、企业管理和产品营销知识，二是对于手机的认识和观念意识超前，三是缺乏手机设计、研发、制造和营销的知识累积。移动互联网由三部分构成，分别是硬件、操作系统和应用程序，行业已经存在主导标准和设计，创新性质是任务，具有较高可细分性，复杂性非常高，独特性较低。雷军在手机项目实施的设计、研发和制造环节面临的知识边界非常低，在营销环节上则较高。外部知识供给如何？虽然整个创新过程复杂性较高，但由于独特性低以及可细分性程度高，外部知识存在广泛供给。从手机制造业来看，以富士康为代表的手机代工业庞大，代工厂商可以弥补制造能力的不足；从操作系统来看，苹果不出售许可，Windows Phone 出售许可，Android 因其免费与开源成为应用最广泛的手机系统；从人才供给看，2010 年我国软件研发人员为 983674 人，硕士以上学历 282770 人③。可见，我国信息产业长足发展，已然为知识外部获取提供了广泛的途径。

（3）星唯科技面临的创新情形。星唯科技试图通过技术创新扩大 GPS 应

---

① 由于缺乏标准化，计算机的 CPU 以及接口都差异较大。通常一种中央处理器对应一种计算机，然后相对应一种操作系统，或者相同处理器下不同公司对操作系统进行深度定制化。此时，流行的系统有 IBM 大型机的 OS/360、Unix 和 CP/M - 80 的多个变种。

② 雷军作为天使投资人，投资多个电商项目，如卓越、尚品网、凡客诚品、乐淘网。

③ 数据来源于《2010 年中国信息产业统计年鉴（软件篇）》。

用范围。新能源汽车运行状态实时监控与模拟仿真关键技术主要应用范围是，能对新能源汽车的动力性、能耗、安全性、稳定性、可靠性等进行实时分析，从而对新能源汽车进行优化改进。该创新项目由以下三部分组成：一是数据收集终端研制（数据收集、存储、传输与接入），二是建立 GIS – T① 数据库②，三是建立行车数据分析模型和基于 GIS – T 的模拟仿真系统。公司的优势是，积累了一流的行业人才，从事 GPS 技术研发平均年限为 5.79 年；在东莞拥有大型 GPS 终端制造基地；在广州建立市场营销中心，逾 100 名专业市场人员，为营销网点及渠道商提供专业的售前、售中、售后服务。公司的知识和能力特征是在技术、制造和营销上都具有显著的优势，但公司缺乏 GIS – T 数据库以及基于该数据库的模拟仿真系统的知识累积。企业自行建立 GIS – T 数据库并不具备条件，存在较大的困难和较高的成本。GIS – T 数据库与模拟仿真系统的性质是，任务具有一定程度可细分性，复杂性一般，独特性较高。显然，独特性是抑制知识外部供给的主要因素。企业在创新过程中所面临的知识边界，在设计、制造和营销上较高，而在研发环节则并不充分。知识的外部获取是其重要选项。

（四）创新过程的治理模式

1. 微软公司案例

微软所面临的知识边界被确定后面临两个问题：一是操作系统许可获取

---

① 地理信息系统（GIS）的主要作用包括展示与分析，同时也是新能源汽车行车状态数据仿真的平台。常规动力汽车的行车状态数据仅包括位置、速度、方向、时间等与 GPS 相关的位置数据，其行车状态模拟仿真技术集中在车辆跟踪、轨迹回放等基于位置数据的实时或者历史数据展示。新能源汽车的行车状态模拟仿真技术是基于新能源汽车专用 GIS – T 数据库的数据采集、传输、整合、分析、建模、应用技术体系，不仅包含常规动力汽车的位置状态仿真内容，还包括新能源汽车行车状态（电机、电池、能源等）的实时或者历史数据仿真，对数据采集终端的调试、数据采集与整理、数据分析与数据应用标准制定、新能源汽车优化设计等工作起重要参考作用，同时也可针对新能源汽车运行的安全性、稳定性、可靠性、能耗性等指标建立相应的计算模型进行仿真从而形成综合评价，通过对车辆运行状况的精细跟踪、数据收集与处理、数据模型建立与状态仿真，对新能源汽车运行进行准确的评估，推动行业监管、新能源汽车设计、动力改善等方面的持续优化。

② 广州市 GIS – T 数据库，包括广州市道路网络和公共交通基础数据、公共交通设施数据、广州市电动公共汽车运行样本数据等。

问题，二是将 8 位 CP/M - 80 升级为 16 位系统。第一个问题是市场交易问题，第二个问题是技术研发问题，保罗艾伦将这两个问题同时解决了。保罗艾伦与蒂姆帕特森的合作中，得知其曾经开发过 16 位的 CP/M，命名为 QDOS（后改为 86 - DOS），该产品并不完善，是蒂姆为推销计算机而临时拼凑的系统。微软联系蒂姆所在西雅图电脑公司，迅速达成购买 QDOS 软件许可的协议。在获得该项产品许可后，微软投入较大人力进行了适应性研发，将其修改为与 IBM 的个人计算机相兼容。1981 年 5 月，蒂姆带着有关 DOS 的知识积累加入微软，有力地推动了 MS - DOS 的成功。1981 年 8 月 12 日，IBM 个人计算机发布。

在微软公司创新过程案例中，创新过程主要集中在设计和研发环节，非专利许可形式的外部知识获取是创新成功的关键性因素。微软并未选择与西雅图电脑公司研发合作策略，主要因素由三个：一是面临很大的信息泄露[①]风险；二是西雅图电脑公司主要从事硬件供给；三是收益分配风险，微软理解 MS - DOS 的市场价值。这几个因素说明西雅图电脑公司并非合适合作伙伴。在 MS - DOS 创新过程中，知识治理模式主要是三种，分别是自主研发、非专利许可以及雇员流动引致的知识溢出。

2. 小米科技案例

雷军依托其对移动网络的认识，以发烧级手机作为产品差异性特征实施产品创新。为弥补知识不足，雷军有效利用知识溢出模式。首先，以联合创始人的方式吸引创新各环节所需人才，引入负责工程实施的林斌、负责工业设计的刘德、负责硬件研发的周光平、负责手机系统研发的黄江吉与黎万强。这些人是谷歌、微软、摩托罗拉和金山等著名企业的高管，具有丰富的产品研发经验和专业知识，在他们的支撑下，小米科技迅速组建团队，完成了自主研发能力的形成。其次，在手机操作系统上，选择了免费开源的 Android

---

① 微软在"象棋项目"上签署高度保密协议，在公司内部也进行了高度保密的研发工作，除了参与该项目的人员外，其他人都不知道该项目的实施。

系统，在该系统基础上按照需求进行优化和深度定制化，形成了产品 MIUI。硬件则依托刘德与周光平所组建的团队，完成手机的外观设计和硬件配置，形成了小米手机。在完成了产品的设计以及研发后，则进入生产环节，原材料供应商以苹果手机的供应商为主，选择了夏普、三星、TPK、Wintek 和德赛，制造则是代工厂商英华达。在营销环节上，小米科技放弃传统户外、电视、报纸广告模式和代理营销的渠道模式，发挥创办人在电商领域积累的经验，以论坛、微博、社交网络等为宣传阵地，以官网和电商为销售平台。2011 年 8 月 16 日，第一款小米手机正式发布。

小米科技创新过程案例是现代开放式创新的典型案例，创新集中在整个过程所有环节，创新成功主要取决于两个因素：外部知识广泛供给创造新产品和新型网络营销模式。在获取外部知识模式上，尽管小米也可选择设计与研发的外包。但雇员流动引致的知识溢出和公共知识（系统开源）的存在可以迅速形成自主研发能力，在组织一体化背景下的研发，避免了协调性与知识交易所引发的风险，大幅降低企业知识获取成本。而且手机设计和软件研发周期短，外包很难在更新速度上满足要求。实际上，在小米科技的创新过程中，最艰难的环节出现在制造外包上，因缺乏有力的上游零部件供应商、制造商和手机生产知识，不得不面对质量和产能问题。这也说明了利用知识溢出策略的正确性。在小米科技创新案例中，知识治理模式主要为：自主研发、雇员流动和公共知识引致的知识溢出、制造外包。

3. 星唯科技案例

星唯科技实施技术创新重要的一环是地理信息数据获取以及基于该数据库的模拟仿真系统建设。GIS 数据属于基础性数据，市场存在供给，但供给者不多，供给方具有较大的市场势力，购买成本很高，而且定制化程度低。考虑到基础性数据更易于由公共研究机构供给，星唯科技首先考虑寻找合适合作方。广州地理研究所是华南地区唯一的综合性专业地理科学研究机构，在区域发展战略规划、区域发展研究、资源环境基础和应用基础研究等方面完成和积累了大量的重大科研成果，所内设有"广东省遥感与地理信息系统应用重点实验室",正建设"广东省地理空间信息技术与应用公共实验室"和"广东省地质灾害（应急技术）研究中心"。广州地理研究所与星唯科技早期曾有过业务往来，相互间累积了部分信息，在这个创新项目上具有很大的互补性。在这样的背景下，双方建立了研发合作模式。由星唯科技提供技术开发资金，广州地理研究所负责 GIS – T 数据采集与建库，行车状态数据分析与仿真模拟技术开发，参与各种分析与评估数据模型的建立与应用等工作。合作研发的成果分享问题上，广州地理研究所拥有学术成果的所有权，而星唯科技拥有项目实施过程获取的专利权以及后期产业化收益权。2011 年 3 ~ 9 月制订研究计划；2011 年 10 月至 2012 年 2 月完成了 GIS – T 数据采集和建库；2012 年 3 ~ 9 月完成了新能源汽车数据分析模型以及仿真模拟系统；2012 年 10 月至 2013 年 2 月完成了终端的产业化。

星唯科技案例是我国实施产学研战略的典型案例，实现了技术与市场有效结合。科研院所关注的重点是知识创新，是"把钱变成知识"；企业关注的重点是科技成果的转化和产业化，是"把知识变成钱"。双方合作具有强烈的意愿，在明确资金来源、任务划分和收益分配的基础上，实现了顺利合作。创新成功首要因素是双方存在着显著优势互补，星唯通过研发合作可以实现成本约束内的知识的深度定制，广州地理研究所依托合作在科研上取得进步。星唯科技面临的知识缺口具有独特性和基础性特征，知识获取模式选择与公共研究机构合作模式，可以实现较低创新成本，产权问题上不确定性小，可获取较高的创新收益。相关的知识治理模式主要是两种，分别是自主研发、研发合作（见表 3 – 5）。

表 3 – 5 主要治理模式对比

	自主研发	知识溢出	知识购买	外包	研发合作
微软公司	是	是	是	否	否
小米科技	是	是	否	是	否
星唯科技	是	否	否	否	是

（五）讨论

1. 知识互补性因素对创新的影响分析

三个创新案例反映出来的最大的共同点是，知识互补性要素是企业策略选择的第一要素。在微软创新中，外部知识供给虽然不少，但面临的有效供给非常少，可以说是唯一的供给。在这个情形之下，微软获取外部知识模式并没有选择权，能以非专利许可而不是其他模式获取所需知识，从各个方面来说都是成本最低收益最大的，这源于知识供给方对知识许可的真实市场价值认识不足①。星唯科技创新相对于微软而言，面临的外部供给会更多些，抑制知识外部供给的因素是其创新的独特性，但其所需知识具有基础性特征，选择研发合作模式，最主要的原因是双方具有强烈的互补性特征，而且从成本、收益及知识保密角度出发，与公共研究机构合作要好于直接从市场获得。小米科技在创新过程中，知识来源主要基于外部获取，小米科技的策略选择更具代表性。小米科技创办人及其团队擅长于软件研发，公司成立后最初数月中，小米科技的主要业务是应用软件和手机系统研发，手机硬件项目迟迟未启动。未启动的原因，在于缺乏所需的硬件负责人。为此，雷军在三个月内，接洽了逾100位拥有坚实IT硬件知识的专业技术人员，对于部分人选则短时间内多次考察（陈润，2013；田旺和苍耳，2013）[186-187]。最终选择了摩托罗拉的前硬件研发负责人周光平，以联合创始人的方式邀请其加入小米科技。

2. 协调性因素对创新的影响分析（见表3-6）

微软的创新旨在满足IBM的创新项目的知识需求。从微软以许可方式获得外部知识角度而言，微软协调模式以组织内互动机制为主，但与IBM合作视角来看，则组织间协调性需求表现尤为突出。首先，微软的DOS是运行在

---

① Allen（2012）对该知识交易进行详细论述表明，交易发生时，西雅图公司老板布洛克对于IBM的合作项目信息一无所知，而且缺乏流动资金。1986年，布洛克起诉微软，试图取消许可授权，最终以和解方式结束诉讼。可见，若在完全信息下，微软的知识获取模式很可能发生变化。

IBM 的样机上，操作系统以及机器都是处于完善过程，一旦软件出现故障，将无法判断故障的来源是软件还是硬件。缺乏与 IBM 硬件研发部门有效的协调，导致微软研发进度迟缓，甚至可能导致创新项目无法及时完成。其次，为应对研发过程中出现的问题所导致程序延后交付问题，微软通过一些特别方式回避 IBM 交货要求来争取时间。这往往导致双方资源的浪费。

表 3 - 6 协调性对创新的影响

	治理模式	协调模式	协调成本
微软公司	研发外包	一定程度的程序化协调，较多组织内互动机制和组织间互动机制	较大
小米科技	制造外包	一定程度的程序化协调，组织间互动机制为主	非常大
星唯科技	研发合作	以程序化协调和组织内互动机制为主	小

类似情形在小米手机制造外包环节更突出。主要矛盾发生在代工厂商与小米科技在产能、质量以及设计上的协调性。手机制造涉及多个零部件供应和生产环节，小米手机必须确保零部件供应与生产环节相配套。一旦发生缺料、来料质量问题、工艺问题、不良率过高等异常或是订单变化等，都需要小米科技对零部件供应商和制造商进行有效协调。此外，手机的设计缺陷，同样必须反馈到各个环节。小米手机设计遵循口碑法则，即"单点突破—试错—用户反馈负面口碑—再迭代—再试错"，直至正面口碑[1]，这种模式本身就意味着持续地反馈—协调。因此，小米手机在早期阶段面临着巨大的协调成本，引致产能不足、掉漆、后盖等问题。尽管 IT 产业制造业外包普遍，较多知名手机供应商，如三星、联想、HTC、LG、中兴、华为等依然拥有自己的工厂，说明手机发包商依然存在后向一体化倾向。

外包模式缺乏组织一体化，组织的威权在上下游供应中无法生效，上下游间行为并非共同利益导向，而是个体利益导向。外包模式引起的协调性问

---

[1] 可参考小米科技联合创始人黄江吉在"微创新总裁营——走进小米"创新论坛上，以"一个工程师的经历"为主题的讲话。

题并未在星唯科技的研发合作中突出。星唯科技的研发合作形式是组织间合作，但为进行有效协调，星唯科技与合作方共同设立项目组织实施管理机构，并成立领导小组，由双方主要领导成员组成，从而一定程度上促进组织间互动机制向组织内互动机制转变，如图 3 - 2 所示。双方共同制定严格的项目实施制度，要求专人负责、专款专用，做到组织落实、人员落实和经费落实。在协调途径上，双方召开定期会议，多次举办交流会议，并根据事情的轻重缓急选择适当的交流方式，面对面交流、电话、E - mail 等。尽管多数情况下，双方实现顺利合作，但在对公司总经理李明的访谈中，李明强调关于协调性的问题依旧存在，而为了避免协调性所引致的问题，星唯科技作为项目的主导方，承担了更多的工作和成本。

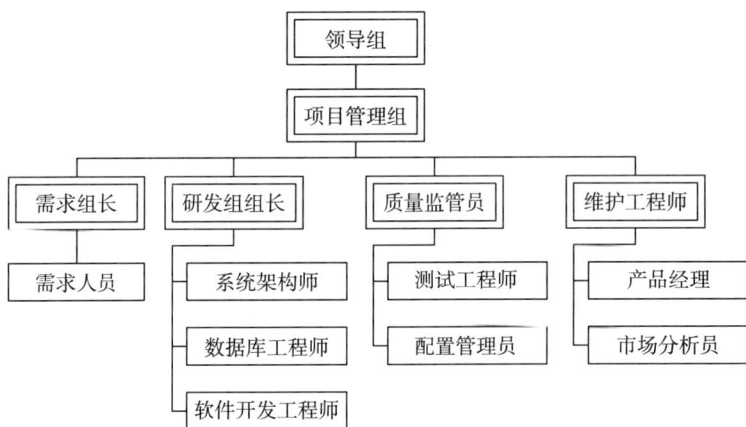

图 3 - 2　项目实施结构

资料来源：星唯科技内部资料。

3. 交易费用因素对创新的影响分析

交易费用因素对创新的影响，在案例分析中也可以找到。在 MS - DOS 创新过程中，为获取非专利许可，微软与西雅图电脑公司达成协议，其后为尽可能掌握 DOS 的所有权利，对协议进行再修改，用更高的支付达成买断许可协议。但许可协议的不确定性在事后依旧引发了诉讼，微软为避免诉讼的不确定性，不得不再次进行支付。此外，在微软与 IBM 的知识交易中，IBM 为确保质量，进行非常严格的测试，这种测试由于企业间上下游关系而可能被过度使用。交易成本问题在小米科技案例中，主要集中在制造业外包问题上，最突出的问题是在寻找零部件供应商及代工厂商上。为完成交易，小米科技接触了数百家上游供应商，多数供应商为降低交易风险，都要求小米科技出示财务报告以及大批量生产的要求。这些要求对处于创业初期的小米科技来说无形中加大了交易成本。

四、基本结论

以交易成本理论为基础的知识治理理论，通常导致过于强调知识交易中可能的"投机行为"，鼓励企业积极回避可能的"负面效应"，而忽视知识交易的首要目的在于"创造"。知识治理的核心是知识创造或新知识获取，以满足创新中的知识需求。因此治理模式的选择除受到交易费用因素的影响外，还面临对创造性活动产生直接影响的因素制约。本书围绕企业创新过程中知识治理模式的选择，以基于知识的企业理论为基础，考察了内外源知识互补性与治理模式协调性对企业策略选择的影响。分析表明，企业创新过程面临的知识治理边界，受到互补性、协调性以及交易成本因素的影响，忽视任何因素都将导致治理边界下偏。

为对结论进行实证分析，本书详细考察了三个案例的创新过程。分析表明，企业创新过程以知识创造为主，创新的性质决定了企业所面临的知识边界，是企业知识获取策略的出发点。对于知识边界较低部分的环节，企业总会倾向于外部知识获取。但外部知识治理模式的选择会受到知识互补性、协调性以及交易成本三个因素的影响。首先，通过三个创新案例的对比分析发现，三个案例最大的共同点是知识互补性的异质性是影响企业进行策略选择的首要因素，这反映了创新过程中知识获取问题的独特性。尽管知识获取本质上是"自制"与"外购"的问题，但创新属于创造性活动，往往面临知识外部供给的有限性，从而导致了企业策略选择集合非常有限。在微软和唯星案例中，可以发现即便有较强的自主研发能力，但在较高的外部知识互补效应下，企业也会选择外部获取。从这两个案例的知识外部获取模式对比还可以发现，唯星与合作方具有更强烈的互补性，从而选择了更具协调性的治理模式。其次，不同治理模式的协调性对创新的影响非常显著。在案例分析中，无论是研发外包还是生产外包，组织间的协调性不足都给企业带来创新的额外成本。在小米手机案例中，可以说有效利用了外部知识获取，尽管生产环节外包模式带来了巨大的协调性成本，但小米公司并未实施向上游的一体化策略，这源于制造业需投入巨额成本。最后，交易成本因素对创新的影响同样存在。这应该归因于知识外部获取面临的知识供给的有限性，需求方更重视知识的可获得性，而不是降低交易成本。在案例分析中，可获得知识互补性对策略选择产生直接影响的证据，没有获得基于协调性以及交易成本因素导致知识治理模式发生变化的直接证据，但这两个因素对创新的影响是非常显著的。考虑到多数创新情形下知识的可获得性都是不充分的，这两个因素对治理模式策略选择上的影响应该是在知识可获得性较充分的前提下才发生作用，因此案例分析并未否定理论。总体而言，案例分析与理论分析契合度较高，为理论分析提供了较强的证据支撑。

第四章 区域开放式创新体系的构建

一、区域开放式创新体系的内涵与意义

前面关于开放式创新的研究，主要聚焦企业的行为。企业既是创新主体，也是一个系统性的整体。公司创新系统可定义为"一个支配着新技术的发明、开发和采用的公司组织（或者一个诸多公司组成的网络）以及规则和战略"，它包括组织能力与战略、研究开发结构、先进的学习安排、与公共部门的联系、人力资源管理、竞争战略、获得新开发知识与技术、知识产权管理、网络能力与战略、融资战略等（王春法，2003）[188]。但从更广义的角度来看，企业要构建开放式创新体系，还必须依托外部环境，包括配套的政策体系、相关法规制度、要素资源配置等。企业开放式创新是国家或区域开放式创新体系的基础，国家或区域创新体系是作为经济空间和创新环境出现的，不同层面的开放式创新体系相辅相成、相互促进。

（一）区域开放式创新体系的概念与内涵

1. 国家创新体系的提出

国家创新体系虽然至关重要，决定了一国创新能力，但相关概念却是到20世纪八九十年代才被提出并被广泛采用的。当 Lundvall（1992）[189] 和 Nelson（1993）[190]的《国家（地区）创新体系比较分析》第一版出版时，只有一部分政策制定者和学者知道国家创新体系这个概念，数十年过去后，在谷歌学术上搜索相关文献就超过 100 万条（Lundvall，2016）[191]。创新作为一个体系或具有系统性特征似乎已经成为共识，关于创新体系的研究，则从国家向区域和企业层面延展开来。

国家创新体系概念的产生国内外存在多种说法，王春法（2003）[188]作了相关梳理，提出国家创新体系概念和内容由 Lundvall（1985）[192]、Freeman（1987）[193]和 Nelson（1993）[190]共同构筑。Lundvall（1985）[192]似乎将生产者之外的事物都归为一个体系。Freeman（1987）[193]认为国家创新体系是一种网络组织，这种网络组织由公共部门与私营部门两个部门所构成，通过这两个部门的互动实现技术的扩散和转移。Nelson（1993）[190]认为所谓的体系是一套制度，制度间的相互影响决定了一国或地区的创新绩效。尽管国家创新体系的定义尚未明确，但根据多数文献可以看到，国家创新体系的行为主体有个人、企业、大学和研究机构等，框架体系包含历史、文化、习惯、意识形态、经济体制、政策制度等软件要素和基础设施等硬件要素。

2. 科技创新全球化的出现

当部分学者关注国家创新体制的重要性时，其他学者则关注到了国际创新网络的形成与发展。皮·杜阿尔和郑秉文是较早关注创新全球化趋势的学者。皮·杜阿尔和郑秉文（1995）[17]不仅认为 20 世纪六七十年代技术创新的国际网络正在形成，而且提出国家创新体系由于把注意力主要集中在国家范围内创新网络的研究上，从而忽视了在国家水平以外而大量存在并经常发生的创新网络的研究及其相互关系的考察，国家集团的合作和科技创新全球化的趋势正发挥重要作用。

科技全球化的出现和流行有着深刻的经济背景，江小涓（2004）[194]认为20 世纪八九十年代经济全球化的一个重要特征是科技全球化趋势的出现，体现在几个方面：科技要素在全球范围内优化重组，外部技术来源的重要性大大增加；先进技术大量跨国转移；各国科技系统的开放性增加；第三方技术供给出现。江小涓（2004）[194]认为这些特征的出现来自技术、企业、产业、国家、国际关系等层面的各种因素，为发展中国家利用全球技术资源提供了新机遇，也为我国利用全球科技资源更有效地提升产业自主创新能力提供了新契机。皮·杜阿尔和郑秉文发现科技创新全球化，再到江小涓系统分析全球科技创新的趋势、原因并提出建议，表明我国对科技全球化的认识越来越深刻。薛求知和王辉（2004）[195]认为垄断优势理论、内部化理论等传统的跨国公司理论无法充分揭示跨国公司 R&D 的全球分散化和 R&D 的国际战略联盟两种技术创新全球化行为，从企业知识理论的维度提出了解释观点，即知识经济背景下，跨国企业的优势在于全球范围内进行知识的创造、转移和利用。

应该说，科技创新全球化对全球经济的影响非常深刻。石奇（2006）[196]认为20世纪90年代以来，国际分工实现了从产品分工向要素分工的转变，发达国家和发展中国家之间分工的主要表现形式，已经不再是简单加工业与复杂加工业之间的分工，以及劳动密集型工业与资本、技术、知识密集型工业之间的分工，而是垂直专业化分工，表现为劳动密集型工序或劳动密集型零部件生产，与资本、技术、知识密集型工序或零部件的生产之间的分工，甚至是设计与制造的分工。分工的变化也就意味着价值链发生了变化，而不同的全球价值链治理模式，将导致产业创新生态的变化，体现在区域整合政策方面则是更注重社会资本、互动发展模式、构建创新网络、重视协同经济和合作的重要性，即区域发展政策必须变得更具开放性。

3. 区域开放式创新体系的提出

较多学者的研究直接或间接暗含了创新体系的开放性，如将国家创新体系与创新网络相联系、国家打造产学研合作格局时，事实上就是要说明创新体系的开放性。但实际情况却是直接将创新体系和开放式创新结合的研究并不多（Santonen等，2011）[197]，导致从国家或区域维度研究开放式创新体系似乎表现得有点"后知后觉"。

但也可以看出，随着开放式创新的盛行，相关研究总体呈增多和深化的趋势。其中，关于国家开放式创新体系的研究占据了主导地位。Santonen 等（2007）[198] 认为依托基于在线社交网络和 Web2.0 技术的人—人互动模式有利于构建国家开放式创新体系，从而将技术和社会预见性研究、顾客需要和经验两类创新来源有效结合在一起，Santonen 等（2011）[197] 进一步细化三重螺旋模型来说明这种结合的原理。Wang 等（2011）[199] 则调查了开放式创新对国家创新体系的影响，认为开放式创新做法对国家创新制度至少有三个关键影响：一是加强国家创新制度重要性，二是提高国家创新制度有效性，三是使国家创新制度多样化。Kudryavtseva 等（2015）[200] 为国家开放式创新系统制定一种评估方法，允许通过定性和定量指标评估国家创新体系的开放程度。崔新建等（2014）[201] 系统性归纳总结了关于国家开放式创新体系的研究现状，并根据从传统的国家创新体系到开放式国家创新体系潜在发展路径及其一般演化规律，提出中国开放式国家创新体系发展路径及其政策建议。

国家开放式创新体系的出现，本质上是适应科技全球化的趋势，然而国家开放式创新体系的具体承载对象却是区域或部门。王春法（2003）[188] 认为，将国家创新体系进一步分解为区域创新体系或者是部门创新体系，从而将国家创新体系这个概念与区域经济学或者部门经济学结合了起来。部分学者认为区域创新体系是国家创新体系在区域层面的延伸（魏江，2010[202]；王松等，2013[203]）。相比之下，区域开放式创新体系的理论基础研究和应用实践研究都相对较少。魏江（2010）[202] 从区域开放式创新体系的角度，研究了区域产业集聚与区域开放式创新体系的关系，并分析了开放式区域创新体系的内涵、特征、系统构建及对产业集群发展的作用机理。

魏江（2010）[202] 定义特定区域内各创新参与者（如地方政府、企业、公共服务机构和代理机构）通过正式或非正式治理机制，实现知识沟通交流、创新合作而形成的网络关系和制度规范。王松等（2013）[203] 定义区域创新体系为实现预定的创新发展目标，政府、企业、科研机构等主体，通过人才、资金、技术投入，推动制度、科技、管理等内容创新，不断优化环境、创新产品、提升产业而形成创新主体相互转换、创新内容相互作用、创新投入相互支撑的系统。

综合上述相关分析可以看到，目前关于开放式创新体系的研究已从多个层面展开，但关于开放式创新体系的概念定义多数研究并未明确。本书认为，开放式创新体系并非是开放式创新跟创新体系机械式的结合，而是具有较为深刻的内涵。一是从经济学角度来看，创新导致的结果是生产函数相关变量的变化，开放式创新体系的运行目标是促进企业高效创新，因此也是一种生产组织体系。二是从开放式创新内涵来看，开放式创新要求企业有效利用内外部创新资源，开放式创新体系本质是构建突破产权、区域空间和人事组织等传统生产壁垒的生态系统，引导要素资源配置更为科学合理。三是开放式创新体系概念源于企业创新方式范式的选择，因此应该建立在企业开放式创新微观基础之上。四是开放式创新体系具有系统性特征，是在一定的秩序规则和制度安排下的要素流动。一方面生产要素的流动需要符合自身规律特性，知识和原材料的流动是完全不一样；另一方面生产要素流动还需要遵守制度规定，如产权制度、合同制度、利益分配机制等。五是开放式创新无法脱离空间限制，是在一定空间范畴内发生的资源重配。

根据上述理解，本书认为开放式创新体系是，在一定空间范围内，在一定的秩序规则和制度安排的基础上，通过引导生产资源要素突破传统生产壁垒，所形成的有利于提升企业创新效率的一种生产组织体系。

（二）构建区域开放式创新体系的现实意义

自计算机诞生之日起，全球经济发展业态便发生了变化，创新驱动成为主要驱动力。而随着信息技术向互联网方向转变，创新业态也发生了变化，开放式创新成为主要特征。全世界科技经济领域的联系和互动越来越频繁，资本、产品、专利、国际期刊及技术服务与贸易等元素都在不断突破地区之间的藩篱，推动开放式创新发展，各地区创新的外部性也在促进该地区创新效率提高。一国或一个地区的创新体系的开放性越来越重要。开放式创新能力直接关系到一国经济发展的速度及其全球影响力，科技资源配置全球化趋势中开放式创新体系建设成为实施驱动创新面临的重大挑战之一。

一是抢占全球科技创新高点的客观要求。全球新一轮科技革命和产业变革从蓄势待发到群体迸发的关键时期，基础科学的交叉融合不断加速，重大颠覆性技术不断创造新产业新业态，人工智能、量子科技、生物技术等领域竞争日趋白热化，科学技术正以前所未有之势深刻影响着国家前途命运和人民生活福祉。然而，当前全球正经历百年未有之大变局，经济全球化遭遇逆流，国际贸易摩擦加剧，技术壁垒不断增多，不稳定性、不确定性明显增加，大国博弈"科技制高点"呈愈演愈烈之势，已成为制约我国实现高质量发展面临的最大外部变量。构建开放式创新格局，广泛吸引和利用全球积极性资源要素，助力我国科技创新则变得更为凸显。

二是国内重点城市群构建协同创新体系的客观要求。"十三五"时期，京津冀、长三角、珠三角、长江中游等重点城市群的协同创新体系建设稳步推进。在京津冀地区，"京津研发、河北转化、平台共建"的协同创新模式日趋成熟，高新技术企业整体搬迁资质互认、科技创新券互认共享、大型仪器互联互通等体制机制创新相继出现。在《长三角地区，2018年审议通过的长三角一体化发展三年行动计划（2018—2020）》明确提出强化创新驱动、建设长三角区域创新圈的要求；以上海、杭州、南京、合肥为关键节点的多层级、网络化区域创新与人才流动体系正在形成；连接上海、嘉兴、杭州、合肥等九市的G60科创走廊启动建设。在珠三角地区，以广州、深圳为龙头，其他七市为支撑，以创新合作、优势互补与要素集聚为特征的"1＋1＋7"国家自主创新示范区建设格局基本形成；由137家成员单位组成的粤港澳大湾区科技协同创新联盟于2019年正式成立；广深港、广珠澳科技创新走廊正在加快建设。在长江中游地区，武汉、长沙、南昌与合肥四省会城市已共同签署《长江中游城市群省会城市高质量协同发展行动方案》，将围绕"构建协同创新大平台，打造重要创新策源地"开展深入合作。

三是国内主要城市参与全球创新竞争的客观要求。北京、上海、深圳、广州等城市在全球创新网络中的枢纽地位初现。其中，北京、上海作为全国科技创新中心，不仅在 2 Think Now 公布的"全球创新城市指数"排名中保持全球创新支点（NEXUS）评级，在《自然》（*Nature*）公布的全球科研城市排名中也稳居全球前 10 名，在中国人民大学中国民营企业研究中心和北京隐形独角兽信息科技院联合发布的《2019 全球独角兽企业 500 强发展报告》中，两地上榜企业分别达到 84 家、44 家，分列全球第 1、第 3 位。深圳市作为首个国家创新型城市试点取得令人瞩目的成就，在"全球创新城市指数"排名中由 2015 年的第 75 位升至 2019 年的第 53 位，评级也由区域性创新枢纽跃迁为全球创新支点，PCT 国际专利申请量和有效发明专利五年以上维持率在"十三五"时期保持全国城市排名第一，在人工智能、5G、新型金属材料等前沿领域均处于全球第一梯队。

二、发达国家构建开放式创新体系的案例分析

（一）美国的开放式创新体系

李哲和杨晶等（2020）[204]、潘冬晓和吴杨（2019）[205]、马建峰（2012）[206]、苏英和赵兰香（2006）[207]、董金华（2005）[208]等学者系统研究了美国的国家创新体系。

根据李哲和杨晶等（2020）[204]的观点，美国国家创新体系形成于 19 世纪末到 20 世纪中期，主要表现在工业研究实验室和研究型大学的快速发展，1900 年前美国有 6 个工业研究实验室，1920 年 296 个，1927 年 1000 个，1950 年 2500 个。美国科技创新体系得以建立并快速发展至少得益于两个方面，一是广泛学习德国、英国等欧洲国家大学的办学模式，二是大量来自欧洲的优秀学者和科学家移民美国。由此观之，美国的国家创新体系，从建立之初就具备了开放多元的特征。

但从 20 世纪 80 年代开始，在进入信息时代后，原来科技创新制度安排

已表现出明显的不适应性，一方面不仅传统的类似福特汽车大而全的大型企业，而且类似 IBM 这种科技型大企业，均明显地出现效率下降、市场竞争力不足；另一方面以微软、英特尔、惠普等为代表的大量的中小企业开始冒尖迅速成长。美国适时逐步转变政策。首先，持续加大国家科技创新投入，在科技基础研究、基础设施、人才培育等方面发力，联邦政府投入了大量资金，从 1996~2002 年联邦政府投入到大学的研究开发资金从 128 亿美元增至 214 亿美元（董金华，2005）[208]；其次，美国建立了政府部门、企业和高校之间的伙伴关系，制定了一系列鼓励伙伴关系和促进技术转移的法案，制定出台了《拜杜法案》（Bayh – Dole Act，1980）、《史蒂文森 – 怀德勒技术创新法案》（1980）、《联邦技术转移法》（1986）、《国家技术转让改进和促进法》（1996）、《技术转让商业化法》（2000）等；最后，继续鼓励企业科技创新，启动了小企业研究创新计划（SBIR，1982）、工程中心研究计划（ERC，1983）、先进技术计划（ATP，1990）等，并采用税收优惠等政策引导企业界为高校的基础研究、仪器设备以及人才培养进行直接投资（李哲和杨晶等，2020）[204]。其中《拜杜法案》更起到了至关重要的作用①。美国政府对经济发展和科技创新政策作出适时调整，国家由主要领导国防科技发展，转到全面引领军用、民用、商用科技的创新协调发展，形成了"官产学研"有机结合的国家科技创新体系，推动美国走上了"新经济之路"，使美国在高技术领域遥遥领先于世界（潘冬晓和吴杨，2019）[205]。

现代的美国创新体系是怎么样的？2020 年 11 月，美国信息技术和创新基金会发布了《2020 美国国家创新体系解读》，从"创新成功三角"，即商业环境，贸易、税收和监管环境，创新政策环境，三个维度对美国当前的国

---

① 在《拜杜法案》方案出台前，由政府资助的科研项目产生的专利权归政府所有，复杂的审批程序导致政府资助项目的专利技术很少向私人部门转移，1980 年的联邦政府持有近 2.8 万项专利，但只有不到 5% 的专利技术被转移到工业界进行商业化。很多人认为，政府资助产生的发明被"束之高阁"的原因在于该发明的权利没有进行有效的配置：政府拥有权力，但没有动力和能力进行商业化；私人部门有动力和能力实施商业化，但没有权利。https：//ict. edu. cn/html/lzmwy/jyforum/n20190329_58598. shtml.

家创新体系进行了论述。其中，关于创新政策环境的描述反映了一个非常开放的创新体系。关于技术转化系统，1980年以来美国制定了一系列政策以帮助更好地将研究成果商业化，美国国家标准与技术研究院（National Institute of Standards and Technology，NIST）是致力于商业创新的主要国家机构；关于行业协作系统（与学术界和研究机构合作），认为美国拥有高度发达和成功的产学研合作体系；关于外国技术引入，美国欢迎外国直接投资（Foreign Direct Investment，FDI），因为它带来了技术转让，美国外国投资委员会（The Committee on Foreign Investment in the United States，CFIUS）基本不会限制外国收购美国企业，但由于对中国收购的担忧与日俱增，美国国会通过了《2018年外国投资风险审查现代化法案》，限制中国的投资；在技术出口方面，向其他国家出口美国商业技术几乎没有限制，除非这些技术对当前或潜在的军事对手有潜在利益，美国商务部（United States Departwent of Commerce，DOC）的工业和安全局负责监督美国某些敏感技术向一些外国的转让，所涉及的技术数量相对较少，但对中国的限制则明显增强；关于人力资本系统，美国依赖高技能移民支持创新体系（通过创办新公司等），且取得了良好的效果。

美国的国家创新体系的开放性具备以下几个特点：一是高度依赖全球人才引进，可以说美国"二战"期间开始的全球优秀人才流入潮一直都没停过，直到目前依旧是全球优秀人才主要流入地，且人才流入不局限于单个领域，而是立体全方位的人才流入，不仅节约了大量人力资本投入，也带来了伟大的创新力；二是科学技术作为核心要素得以高效流动，美国20世纪80年代以来的科技政策，极大地推动了科技流动，不仅在国内形成了完善的技术交易体系，且以跨国企业为载体，对全球科技资源进行整合利用；三是完善的产学研体系，美国的高校、企业、研究机构建立了密切的科技创新网络，以美国硅谷为例，斯坦福大学、加州大学伯克利分校等多个顶级研究性大学与硅谷企业的关系密切，技术专家和企业实践的交叉网络，人才与企业的共同成长（柳卸林、葛爽等，2019）[209]。

(二) 英国的开放式创新体系

世界知识产权组织（World Intellectual Property Organization，WIPO）发布的《2020 全球创新指数》年度报告显示，英国创新指数得分 59.78，仅次于瑞士、瑞典、美国，在全球排第四，在欧洲排第三，是世界上最具创新力的国家之一。英国常被看作是一个科学研究实力较强的发达国家，但其技术创新能力较弱，专利应用的比率大大低于美国和其他欧洲国家，常被学术界认为"精于科学，却不善于创新"（徐继宁，2007）[210]。英国作为老牌资本主义强国，是第一次工业革命的策源地和引领者，其科技创新能力也经历过"下滑—改革—提升"的发展历程。

贺亚力（2006）[211]发现，20 世纪 70 年代以来，英国的研发投资几乎停滞不前，1983 年的研发投入仅为 1978 年的水平。与同为岛国缺乏资源的日本相比，日本全年的总研发费用是当时英国的 4 倍，其中 25% 来自日本政府，是当时英国政府投入的 1.5 倍。由于对研发重视不够，英国科技在世界市场渐渐失去竞争力，原因可能包括社会大众普遍对科技升级的重要性认识不足，工业、工程和物理基础教育也没有受到应有的重视，金融与产业界脱节，学术界、产业界以及政府闭门造车，等等。到 20 世纪 80 年代，英国的核心工业如机械制造、运输、精密产业等一蹶不振，国际贸易占比大幅下降，落后于德国、日本和法国。王胜华（2021）[212]认为，英国的创新具有较为明显的内生性，其创新体系建设也呈现出自发性特征，政府、高校、科研机构、企业等创新主体之间缺乏有效的互动，到 19 世纪末，英国经济增长已放缓，在国际竞争中的领先优势也逐步减弱。技术上的停滞不前、经济上的萎靡不振形成了名噪一时的"英国病"（徐继宁，2007）[210]。

到 20 世纪 80 年代末，英国着手实施科技创新制度改革，推出了一系列科研政策（见表 4-1）。英国的国家创新体系主体由企业、大学、政府、科研机构及其他非营利机构组成，创新体系对工程技术研究重视程度不足，尤其是未能很好地解决科技成果的推广应用等问题，因此国家创新体制改革着重点主要是加大科研投入，鼓励工业和科技界、学术界的合作。首先，加大科研投入，英国研究委员会的费用从 1984 年占政府研究与开发总经费的 12.8%，上升到 1992 年的 18.9%（刘成伟，2007）[213]，制定实施《科学与创新投资框架（2004—2014 年)》将研发投资提高到国民生产总值的 2.5%，实施《国家基础设施规划 2010》在科学研究、数字通信等关键领域投资 2000 多亿英镑建设重要基础设施，等等。为了促进行业协作，英国实施多项举措，如 1986 年的联系计划、1992 年的法拉第合作伙伴计划、1993 年的连接创新计划、2001 年的科学企业挑战计划、2003 年的知识转移伙伴计划，建立英国国家技术创新中心，等等。在持续的投入和体制机制完善下，英国科技创新体系不断取得新成效。以知识转移伙伴计划（KTP 计划）为例，2013 ~ 2014 年，该计划为英国产业创造收益 2.21 亿英镑，创造新增就业 450 个，培训企业员工 6000 人，带动企业创新投入增加 9500 万英镑；英国国家技术创新中心被视为是"创新英国"的一个"工具箱"，承担着英国科技创新的重任，代表了当前世界科学技术发展的最前沿，形成了前沿科学技术产学研合作体系，并取得了举世瞩目的成绩（陈俐和冯楚健等，2016）[214]；近年来，英国的国际科技合作十分活跃，国际合作论文占其全部论文的比重已经从 2006 年的约 40% 增长到 2016 年的近 60%，超过美国、日本、德国、法国等国家（刘小玲和徐进等，2019）[215]。

从英国国家创新体系的转型与提升过程来看，英国依托其坚实的基础科研实力，采取了步步为营、渐进性改善的方式，逐步完善其创新体制，让英国重新回到了世界科技创新中心地位，对我国具有重要的借鉴和参考意义。目前，英国的国家创新体系具备以下特点：一是政府引导性和介入创新的能力明显增强。相对于以往强调自发创新的思想，目前英国通过加大资金投入、强化经费管理、搭建创新网络、制定中长期发展规划等方式，在国家科技创新体系中扮演了重要的角色。二是不断夯实基础研究。英国拥有世界一流的基础研究能力，经济合作组织（Organization for Econoinic Co - operation and Development，OECD）数据显示，2018 年英国 R&D 在不同研发阶段的支出构成中，基础研究占18%，应用研究占42%，实验发展占40%，其中基础研究占比较中国高出约12%（王胜华，2021）[212]。三是着力构建开放式创新体系。不同于美国，英国的跨国企业无论在实力和数量上均明显不足，但英国在国际创新合作上表现非常积极。刘小玲和徐进等（2019）[215]梳理了英国国家科研与创新署近年来的国际合作战略与政策，发现该机构采取了与各国签订合作协议、建立海外办事处、设立国际合作计划等方式促进国际科技合作。在国内，则实施了多个联系计划，在企业、高校、科研机构等创新主体间搭建创新网络，形成以企业为核心、市场化运作的产学研体系。联系计划、法拉第合作伙伴计划、知识转移伙伴计划等都尤为强调以企业模式推动科技成果转移转化，其内在思想是在市场机制背景下，企业依旧是最为高效的资源配置主体。

表 4-1　英国 20 世纪 80 年代以来出台的主要科技创新政策与举措

时间	发展战略与政策	备注
1986 年	联系计划	由英国政府和企业共同资助的推动科技与产品开发研究的合作平台
1986 年	小企业研究和技术奖励计划（SMART 计划）	由联邦政府出资，贸工部小企业服务局负责实施，以无偿拨款的方式支持中小企业开展竞争前的商业调查、技术研究、产品原型设计等活动，以此促进中小企业发展和创新活动的开展
1992 年	法拉第合作伙伴计划	由英国国内社会团体建立，旨在建立由多所高校、研究机构、公司组成的协作集团，其核心内容是企业和大学之间的双向信息交流
1993 年	连接创新计划	
1994 年	科技政策白皮书——实现我们的潜能	
1994 年	成立 7 个研究理事会	在"霍尔丹原则"① 下，依据英国皇家宪章，成立 7 个研究理事会（生物技术与生物科学研究理事会、艺术与人文研究理事会、工程与物理科学研究理事会、经济与社会研究理事会、医学研究理事会、自然环境研究理事会、科技设施理事会），承担科研经费的分配和管理

① 所谓的"霍尔丹"原则是指，资助研究项目的决定权应掌握在研究者手里。

时间	发展战略与政策	备注
1994 年	技术前瞻计划	在英国工贸部下属的科技办公室领导下、单独成立的涉及16 个领域的人员组成专家组，对各自负责的行业市场、需求和创新潜力进行宏观预测与远期分析
1998 年	发布《竞争未来——发展知识经济》	
1999 年	科学企业挑战计划	在英国的大学中建立企业中心，用以支持研究成果的商业化、培育向科技企业家转化方面的新思想，将企业教育融入科学和工程教育中
2000 年	发布《卓越与机遇：21 世纪的科学与创新（白皮书）》	
2001 年	公共部门研究开发基金计划	目的在于使公共研究机构能够发展它们的能力，以用来开发它们科学和技术研究的潜能
2001 年	高等教育创新基金计划	通过将资金用于支持非研究型高校，将其现有知识通过合同研究、合作研究、咨询服务转让给企业单位，加强校企之间的合作，从而有效提升科技创新的合作效率
2002 年	成立英国研究理事会	协调 7 个研究理事会之间的工作，开展科研经费管理、研究评估与影响、培训研究人员、开展知识交流与国际合作等
2003 年	实施知识转移伙伴计划（Knowledge Transfer Partnerships，KTP）	推进产学研用合作、促进研究机构成果向企业转移转化的政府支持计划，由"教研公司计划（TCS）"与"高校－企业合作伙伴计划（CBP）"合并而来
2004 年	发布《科学与创新投资框架（2004～2014 年）》	英国第一次制定的中长期科技发展规划，该框架的目标是"在 2014 年将英国的研发投资提高到国民生产总值的2.5%，要使英国成为全球经济的关键知识枢纽，同时成为将知识转换成新产品和服务的世界领先者"
2010 年	发布《国家基础设施规划2010》	计划未来 5 年筹集 2000 多亿英镑的公共和私营投资，专门用于加强科学研究、数字通信、交通、低碳等英国经济发展所需的重要基础设施

续表

时间	发展战略与政策	备注
2011 年	成立英国国家技术创新中心	由英国七个研究实体组成，包括细胞疗法技术创新中心、联通数字经济技术创新中心、未来城市技术创新中心、先进制造技术创新中心、近海可再生能源技术创新中心、卫星应用技术创新中心、交通系统技术创新中心，在未来六年将接受超过 1.4 亿英镑的投资，致力于在制造业领域降低创新的风险，将科学成果经过进一步的研发转化为真正的产品
2016 年	颁布《高等教育和研究法案》	决定建立英国研究与创新署，将原有的七个研究理事会、英格兰高等教育基金委员会和创新署的科研职能进行合并
2018 年	成立英国研究与创新署（UK Re-search & Innova-tion，UKRI）	独立于政府的公共机构，2018 年 4 月正式运行，每年总预算超过 70 亿英镑，通过下属各学科领域的专门研究理事会实现政府投资框架计划、推进国际科技合作

（三）德国的开放式创新体系

近代德国的工业化进程虽滞后于英、法等国，但却能后来者居上，20 世纪初德国的产业和创新体系就已经走在世界科技发展的前列，不仅建立了完善的科技创新体系，还能以"德国制造"品质高端而享誉全球。在世界经济论坛发布的 2018 年全球竞争力报告中，德国居欧洲第 1 位、全球第 3 位，仅落后于美国和新加坡（贾国伟和刘笑宇等，2020）[216]。WIPO 发布的《2020 全球创新指数》中，德国在全球科技创新指数中的排名为第 9 位，在欧洲排第 7 位，"德国模式"取得的成功引起了学者的广泛关注。

德国是一个有着高度重视科技创新传统的国家。实现统一后在 19 世纪末就建立起从小学、中学、技术学校、工商学校到综合性大学的完整教育体系（阳晓伟和闭明雄，2019）[217]。德国也是现代大学发源地，第一所真正意义上的现代大学德国柏林大学建立于 1809 年，此外还首创科学实验室、研究生指导制度、研究生院、高校研究所以及专业科技刊物的出版等高校科研制度（张明妍，2017）[218]。在高质高效的教育体系支撑下，德国的科技水平快速提升，培养了大量的工程师，仅20世纪的头10年德国就培养了约三万名工程师，为德国现代工业的建立奠定坚实基础。"二战"后，德国在一片废墟下着手重建科研体系，包括企业及其实验室、学校、大学和技术学院、凯泽·威廉学会、弗朗霍夫学会、德国研究联合会/科学基金会（1951年重建）、政府研究机构以及商业和技术联盟等，在完成重建后，以经济合理化为总目标，不断优化提升经济创新体系，增强产品竞争力，推动德国经济和创新重回世界前列（张明妍，2017）[178]。

两德统一后，为适应国内新格局、国外全球化新趋势及信息技术发展趋势，德国采取了一系列举措，使科技创新体系迈入新发展时代，具体政策举措如表4-2所示。对这些战略举措进行分析可以看出，总体来看，德国采取了"对内整合"和"对外聚合"的方式。"对内整合"是指整合国内创新资源，充分发挥多主体的作用，将政府、企业界、学术界以及其他社会力量全部纳入创新网络，通过紧密合作和信息共享实现技术的产品转化。"对外聚合"是指德国对外聚合创新资源，通过技术合作筹措全球资源，包括尖端科研合作、大型基础设施联合建设、青年科学家培养与交流等，吸引国际科研人才的同时促进国家间技术转移。

表4-2　德国20世纪90年代以来实施的科技创新战略和政策

时间	发展战略与政策	备注
1996年	德国科研重组指导方针	明确了德国科研改革的方向
1998年	INFO2000：通往信息社会的德国之路	推动了德国信息产业的发展
2002年	高校框架法第5修正法	为在大学建立青年教授制度提供了联邦法律依据
2004年	研究与创新协议	联邦政府与各州政府签订协议，规定大型研究协会（马普学会、亥姆霍兹联合会、弗劳恩霍夫协会、莱布尼茨学会）的研究经费每年保持至少3%的增幅
2006年	科技人员定期聘任合同法	规定将公立科研机构研究人员的定期聘任合同的最长期限放宽至12年或15年，以留住青年科技人才

时间	发展战略与政策	备注
2006 年	"高科技战略 2006—2009"（Hightech Strategie，HTS）	继续加大特别是 17 个创新领域的投入，以确保德国未来在世界上的竞争力和技术领先地位
2010 年	德国高科技战略 2020	战略汇集了德国联邦政府各部门的研究和创新举措，重点关注气候/能源、保健/营养、交通、安全和通信 5 个领域
2012 年	高科技战略行动计划	计划从 2012 年至 2015 年投资约 84 亿欧元，以推动在《德国 2020 高科技战略》框架下 10 项未来研究项目的开展
2012 年	《科学自由法》，即《关于非大学研究机构财政预算框架灵活性的法律》	给予非大学研究机构在财务和人事决策、投资、建设管理等方面更多的自由
2013 年	"工业 4.0"战略	推行产官学一体项目的新一代工业升级计划，旨在建立高度灵活的个性化和数字化产品与服务生产模式
2014 年	德国"工业 4.0"战略计划实施建议	旨在支持德国工业领域新一代革命性技术的研发与创新，确保德国强有力的国际竞争地位
2019 年	国家工业战略 2030	旨在与工业利益相关者一道，努力确保或重夺所有相关领域在国内、欧洲乃至全球的经济技术实力、竞争力和工业领先地位

德国的科技创新体系改革成效非常明显。第一，创新系统的组织结构日趋完善。德国国家创新系统由政府部门、公共机构（包括高校和科研院所）、非营利咨询组织及产业界联合构建的多元化创新体系，可分为立法、规划与投资、管理与监督、咨询协调以及执行五个层次（章熙春和柳一超，2017）[219]。展现了五大亮点，即四大学会（独特的创新主体）、科技立法（强调自由责任相平衡）、科学管理机构（央地科技分权）、企业部门作用巨大（经济界深度参与）、高素质技术工人（重视职业教育）。第二，教育体系继续发挥基础作用。德国现有高校 372 所，大部分属于公立大学，德国理工大学联盟（即 TU9）被誉为欧洲理工院校的常青藤，由德国最著名的九所工业类大学组成。第三，确保了大规模的研发投入。政府的科研投入已经从

1999 年的 155 亿欧元提高到 2016 年的超过 1600 亿欧元（张海娜、曾刚等，2019）[220]，研发投入占 GDP 的比重在 3% 左右。第四，创新主体活跃。德国的研发投入中来自企业的资金占据主导地位，不仅大型企业研发投入多，而且占比超 99% 的德国中小企业，研发投入规模也较大。以四大科学联合会①为代表的德国研发机构发挥作用巨大。第五，对外合作实现全方位立体化开展。在对外区域合作方面，德国告别了"以邻为壑"的旧时代，开启了"以邻为伴"的新时代（张海娜和曾刚等，2019）[220]，如与中国形成了全方位、多层次、广领域科技创新合作局面，推动德国的产业集群全面融入全球化发展。在科技基础设施方面，对大科学装置实行跨国开放共享，包括免费共享本国大科学装置、与他国共建大科学装置，亥姆霍兹联合会的大科学装置在2015～2017 年分别有 70.6%、72.6%、71% 的机时为外部科学家所用（王慧斌和白惠仁，2019）[221]。在行业协作方面，德国知名车企大众、戴姆勒和宝马等企业，与竞争对手、供应商、大学和研究机构开展了广泛合作及联合开发项目。在人才引进方面，对技术移民提供了许多便利性政策支持，2012 年技术移民占德国签发的居留许可总数的 3/4。

（四）日本的开放式创新体系

日本作为中国的近邻是率先迈入发达国家的东亚国家，尤其是进入 21 世纪以来，日本科学者累计 19 人获得诺贝尔奖，更引起了国内学者的广泛关注。

---

① 德国的四大科学联合会分别为，马克斯－普朗克科学促进会是一个大型和独立的非营利研究机构，拥有 1.3 万名科研人员，一年的经费高达 18 亿欧元，迄今为止共有诺贝尔奖得主 18 人，主要致力于顶尖的基础性研究工作；弗劳恩霍夫协会根据德国产业的区域分布在德国全境有 67 个研究所，总计 24000 多名员工，每年承接 6000～8000 个产业项目，成为推动技术熟化开发的国家级枢纽和平台；赫尔姆霍兹联合会则是德国规模最大的科研联合体，目标是为国家和社会长期发展提供技术和智力支持，有员工超过 3.5 万名，年度预算高达近 36 亿欧元，主要由国家财政支持，拥有德国航空航天中心、德国电子同步加速器和德国肿瘤研究中心（DKFZ）等多家著名研究机构；莱布尼茨科学联合会也是德国不容忽视的重要研究主体之一，拥有 88 家高校的研究机构和 1.86 万名员工，年经费预算达到 18 亿欧元（阳晓伟和闭明雄，2019）[177]。

部分学者认为，从日本战后的科技政策演变来看，日本科技创新体系发展总体上经历三个阶段，分别是"贸易立国"（20世纪50年代到20世纪70年代初期）、"技术立国"（20世纪70年代初期到20世纪90年代初期）、"科技创新立国"（20世纪90年代以来）（樊勇和金晴，2020；尹玲和于群，2020）[222-223]。

"贸易立国"阶段是指战后日本为推动经济快速复兴，确立了引进国外先进技术这样一个振兴科学技术的战略方针，日本20世纪50年代相继颁布了《外资法》《企业合理化促进法》《预扣赋税率制度》《技术士法》等以促进技术引进。到20世纪60年代后半期，日本的技术在某些领域已赶上和超过欧美国家，技术输出逐步开始增加（阎莉，2001）[224]。

"技术立国"阶段是指20世纪70年代初期到90年代初期，受世界石油危机和第三次产业革命的影响，日美贸易摩擦日趋激化，美国对日本在技术引进方面采取限制措施越来越多，且日本具备自主开发高技术、高附加值的竞争力，产业结构从资本密集型转换成技术密集型，引进—消化吸收的技术引进路线不合时宜，日本开始着力推进技术原始创新。主要举措包括大力推进产学研、推进基础研究和高技术发展、强化国际科技交流与合作等。由于国内资源匮乏，日本重点加强生态环境保护和能源研发，不仅支持企业、高校共同研究大型节能技术，还分别于1974年、1978年出台"阳光计划"和"月光计划"积极开发新能源代替对石油的依赖（樊勇和金晴，2020）[222]，推动日本节能环保和新能源技术走在全球前列。

"科技创新立国"阶段是指进入20世纪90年代以来，日本自身经济面临诸多挑战，除了自身陷入低增长局面，面对新一轮产业革命发展趋势，以"封闭性"为特征的日本国家创新体系阻碍了资源在组织间、领域间的流动，降低了资源配置效率，并面临着"开放性、兼容性、互动性"为特征的信息网络技术所引发的新技术经济范式的挑战（罗雪英和蔡雪雄，2020）[225]。尤其是20世纪90年代以来美国新经济的繁荣，相比之下日本经济稍显逊色。鉴于日本劳动力市场的非流动性及研发活动的封闭性等特点，日本政府先后在其具有较大竞争力的领域推出了各具特色的共同研究计划，以利于促进官产学研之间技术、信息等创新资源及要素的互动交流。具体举措包括：一是强化科技创新的规划性和战略引导。定期制定科技创新发展战略规划，自1996 年发布《第一期科学技术基本计划》以来已发布 6 期计划，且每年发布科技创新战略《科学技术创新综合战略》（2018 年开始改为《统合创新战略》）。二是继续加大研发投入，尤其是产业领域的研发投资。日本总务省《科学技术研究调查》结果显示，2019 年日本的研究开发费用为 19.5 万亿日元，其中民间企业投入的研究开发费用为 14.3 万亿日元，占研究开发费用总额的 73.3%，日本目前的科研投入水平仅次于美国和中国，全球排第三位。三是高度重视创新要素流通与开放。1995 年颁布的《科学技术基本法》在继续强调基础研究以外，也注重科研的应用推广与产业化。此后相继颁布《大学技术转移促进法》《产业活力再生特别措施法》《产业技术竞争力强化法》《国立大学法人法》等法规政策，积极模仿美国的《拜杜法案》，从制度上大幅放宽了对高校及公共研究机构的限制，鼓励支持高校、公共研究机构及其研究人员广泛与企业合作，大力支持产学研深化。可以说，20 世纪 90 年代以来日本改革创新体系的过程，实质上是日本创新事业法令松绑的过程，在全社会营造了一种鼓励产学研结合的大环境，使产学研的结合有了更多的政策保障、资金保障、服务保障、权利保障（王书宇，2020）[226]。

日本的科技创新体制演变不同于美、英、德，似乎经历了对外开放—对内封闭—内外开放的演变历程。但日本战后初期的对外开放实际上不同于现在的开放式创新体系。战后初期，日本因基础研究不强、资源匮乏，为了经济复苏，只能依赖于广泛的技术引进。但日本的技术引进并非技术自由，而是同样有着较多限制。阎莉（2001）[224]认为，日本 1968 年才实行第一次技术贸易自由化，逐渐放松对技术引进的限制，1972 年又宣布实行第二次自由化，到 1974 年，日本政府对技术引进的审批，除涉及国民经济，社会安全和国际等方面的特殊情况外，还实现了技术引进的全面自由化，取消了全部限制。可以看出，日本事实上并未构建现代意义上的开放式创新体系，其技术引进是在务实的前提下的选择性引进。日本是 20 世纪 90 年代在面对新一轮产业革命形势下，才着力推进现代意义的科技创新体系。可以说，更为宽松开放的创新体系，为日本构筑了更具活力的市场主体、更加包容的全球价值链、更具可塑性的商业模式、更加开放的产业生态系统以及更加"共享"的生活方式，也推动了 21 世纪日本科技创新的全面进步（见表 4 – 3）。

表 4 – 3 日本战后以来实施的主要科技创新战略和政策

时间	发展战略与政策	备注
1950 年	外资法	规定技术引进的审批标准为：引进技术的目的和引进后是否有消化能力，引进技术与国内现有技术相比差距有多大，预测引进项目投产后五年内的各项经济指标以及引进后的经济效益，并规定引进的条件
1952 年	企业合理化促进法	规定减轻或免除企业引进设备和技术税费
1953 年	预扣赋税率制度	减轻国外技术使用费，鼓励企业更大程度地引进和吸收先进技术
1959 年	科学技术会议设置法	将科学技术会议作为内阁总理大臣的咨询机构设置于总理府，便于政府综合性地推进科学技术政策
1959 年	技术士法	对指导成套设备输入以及产业的发展赋予资格制度，并且制定了专利制度以及标准规格化质量管理制度，从技术利用方面使技术转移有所依据
1980 年	20 世纪 80 年代的通商产业政策	由日本产业结构审议会发表。政策提出把提高创造性的自主技术开发能力作为今后的基本政策，这是日本第一次在官方文件上明确提出了"技术立国"政策（周文莲和周群英，2007）[227]
1984 年	面向 21 世纪的科学技术政策	提出日本科技政策制定核心之一为加强科技领域国际合作
1988 年	科学技术白皮书	以国际化为主题分析开展科技活动和制定政策
1995 年	科学技术基本法	明确提出了"科学技术创造立国"政策，日本科技政策与过去相比更加重视基础研究和培养独立创造精神（周文莲和周群英，2007）[227]

续表

时间	发展战略与政策	备注
1996~2025年	已制定实施6期《科学技术基本计划》	科学技术基本计划，是基于1995年11月公布并实施的《科学技术基本法》而制定实施的日本政府的科学技术政策基本计划。2021年3月发布了第六期《科学技术创新基本计划（2021~2025年）》
1998年	《大学技术转移促进法》（TLO法）	鼓励大学设立科技成果转化机构（TLO），确定政府从制度和资金方面对TLO予以支持
1999年	产业活力再生特别措施法	规定由民间企业赞助的在国立大学或国家实验室进行的政府委托研究获得的知识产权，可全部无偿归赞助企业，被称为"日本版Bayh-Dole法案"
2000年	产业技术竞争力强化法	规定TLO可免费使用国立大学的设施，大学教员可以利用其发明的技术成为公司主管甚至总经理，可在营利性公司兼职技术顾问
2002年	日本知识产权战略大纲	确定了"知识产权立国"的战略目标，实现在知识产权平台上建设创新型国家，用知识产权创造高附加值产品，达到激励经济和社会发展的目的（曹勇和赵莉，2009）[228]
2002年	知识产权基本法	将经济战略法制化，运用法律的手段规范、推动、控制知识产权战略的实施，同时修改相关法律制度，把日本经济定位在发展知识产权的基石之上，目标是在日本建立起世界上为数不多的、以发展知识产权为核心的国家创新体系（曹勇和赵莉，2009）[228]
2003年	国立大学法人法	使国立大学取得法人权利和义务；以主体身份从事技术转移和孵化；可出资支持大学科研成果的应用；自主制定从事产学官合作、教师兼职兼业的相关政策，人事自主权得到扩大；TLO的成立由政府"认定"变为政府"承认"（曹勇和赵莉，2009）[228]
2006年	新经济增长战略	战略目标为打造"世界的创新中心""强化国际竞争力"
2013年	科学技术创新综合战略2013	
2014年	修正《内阁府设置法》	将"综合科学技术会议"变更为"综合科学技术创新会议"，是内阁的主要咨询机构，统揽日本整体的科学技术政策制定。综合科学技术创新会议每年发布"科学技术创新综合战略"，每5年制订一次"科学技术基本计划"。2018年起改为每年发布"统合创新战略"

(五) 案例启示

美国、英国、德国、日本作为全球主要发达国家,科技创新能力在全球位居前列,在构建国家创新体制方面具有较强的示范性和引领性,尤其是近年来这些国家在科技创新体系上出台的新一轮开放性改革举措,代表了未来的全球科技创新和产业发展趋势,是后发国家参考学习的重要对象,深入了解分析其演变路径,客观考察其做法和举措的共性与特性,具有重要的参考意义。

(1) 全球主要国家的科技创新体系正经历新一轮改革浪潮。新一轮国家科技创新体制改革浪潮由 20 世纪 80 年代的美国拉开序幕,英国、德国、日本等主要国家先后跟进,科技创新体制改革的核心是要打破传统的创新资源要素的流通壁垒,促进知识共享、科技成果转移转化,从制度安排上鼓励支持社会主体广泛开展创新合作。改革的背景主要是经济全球化以及正在发生的新一轮产业变革,改革的内在动力是在新技术推动下创新业态发生了巨大变化,为了顺应日新月异的产业发展,不得不推进创新体系重大改革。

(2) 改革重点方向是打造开放共享的创新生态。以往在构建国家创新体系上的做法,主要是加大资金投入、培养技术人才、建立研究机构、鼓励企业创新等,更注重开发端的建设。20 世纪 80 年代开始,则大力推进产学研,进入 21 世纪以后,美国、英国、德国、日本的做法所展现出来的更是全方位立体化的改革举措:一是将政府、企业、研究机构、大学、消费者/客户等原本相互较为独立的主体纳入协同创新的网络;二是积极推进科技金融、中介服务、知识产权服务、人才培育等服务行业发展,强化创新服务支撑;三是注重引进全球人才,文化建设上鼓励多元开放包容、知识共享共创;四是塑造创新价值与意义,强化知识产权保护,激发企业创新活力,培育新商业模式;五是强化国际合作,以跨国企业为载体,积极融入全球产业链、价值链和创新链。从结果来看,科技体系改革既搭建了社会创新网络,又着力促进创新要素的网络流通,形成了更为开放共享的创新生态。

(3) 政府在科技创新上的主导性明显加强。从美国、英国、德国和日本来看，国家创新体制改革进一步加强了政府的主导性，主要体现在两方面：一是政府不仅是政策制定者，也是主动参与者。即便是英国自认为不应干预市场的国家，建立了大量的公共研究机构和技术转化中心。为了强化创新管理，各国建立了完善的国家科技创新组织体系，动员及介入能力均得以显著增强。二是政府科研投入不断加大。自主创新的重要性不断凸显，创新竞争不再局限于企业间，也是国家竞争的重要形态，为了抢占科技创新高地，贯彻落实国家创新战略，加大政府科研投入俨然成为趋势。三是强化科技创新的战略引导和中长期规划。比如英国的前瞻性计划、德国的国家工业战略2030、日本的科学技术基本计划，关注前沿领域并引导社会加大投资。美国、英国均制定了多个发展计划，日本更是定期制定中长期发展计划。

（4）创新体系改革与新产业培育同步推进。无论是美国重振"制造业"，还是德国的"工业4.0"，以及日本的"新经济成长战略"，都试图推进产业结构向更合理更高端化方向发展，而这都离不开科技创新的推动。同时，要顺利推进科技创新，同样离不开相对应的产业载体，犹如蒸汽机的出现导致机械工业的诞生，内燃机的出现导致汽车工业的诞生。在这轮科技变革扮演了主角的产业主要是新一代通信技术、移动互联网、物联网、机器人与人工智能、生物医药、量子技术、材料、健康医疗、航空航天、海洋、环境能源等领域，从这些发达国家推进创新体系的改革内容来看，还包括了这些新兴产业的培育和发展。

三、区域开放式创新体系的构成

（一）区域开放式创新体系构成相关文献梳理

国内外学者围绕创新体系构成要素和构成要素之间的相互作用作了深入探讨。Freeman（1987）[193]认为国家创新体系是一种网络组织，由公共部门与私营部门两个部门所构成。Nelson（1993）[190]未建立一个系统性框架，认为对创新体系作描述性分析是非常大的工程，但认为创新体系是一套制度安排，同时又认为产业、大学和政府是创新体系的关键组成部分。Lundvall 是较早研究国家创新体系学者，认为广义上的创新体系应该包含个体、组织和组织间的学习，强调创新来自在用户—生产者互动过程中的学习行为（Lundvall，1985；Lundvall，1992；Lundvall，2009；Lundvall，2016）[192,189,229,191]。较多学者以大学—产业—政府三重螺旋模型为基础框架来分析创新体系，认为大学、产业和政府分别在基础研究、生产服务和政策制定方面承担职责，三大部门通过交互、相互影响构建创新系统，如 Etzkowitz 和 Leydesdorff（2000）[230]、Etzkowitz 和 Zhou（2009）[231]、Santonen 等（2007）[198]。Etzkowitz、Santonen等的研究观点可概括为创新体系是基于微观主体的交互所形成的系统，其实质与 Freeman（1987）[193]的网络组织观点较为相似。Wiig 和 Wood（1995）[232]在探讨区域创新体系对企业创新绩效影响时，认为企业外部的制度、社会习俗、意识形态、期望，甚至企业和市场结构等都构成区域创新体系。

开放式创新体系构成的理论来源是国家创新体系和区域创新体系的研究。但受开放式创新的影响，尤为强调体系内网络组织间关系（Wang 等，2011）[199]。例如，同样基于三重螺旋模型的创新体系研究，Santonen 等（2007）[198]更强调组织间的相互作用，即企业之间的竞合关系和企业与研究机构之间的合作关系。基于用户的需求和经验对于企业创新具有显著影响，但属于企业外部来源，Santonen 等（2011）[197]在三重螺旋结构基础上，进一步在模型中增加了用户部门。Perkmann 等（2007）[233]基于开放式创新视角，探讨了大学—产业间的协同关系。魏江（2010）[202]则将区域开放式创新体系分解为四大体系要素：创新者网络、创新服务网络、创新网络结构、创新治理机制。崔新健等（2014）[201]在研究国家开放式创新体系时，强调国家开放式创新体系基于不同视角，其构成要素有所不同，分别从微观主体、要素投入和环境三大方面介绍了体系构成要素。

（二）区域开放式创新体系的构成

综合上述分析可以看到，相比于传统创新体系，开放式创新体系最显著的区别有两点：一是更注重创新网络构建，二是组织边界的模糊化和组织的虚拟化。这主要源于开放式创新内在推动力是资源的快速流动和高效重配，为应对这种更高效的资源流动组织呈现虚拟化。魏江（2010）[202]在构建区域开放式创新体系时也着重强调网络组成。本书在开放式创新体系的构建上，一方面参考了魏江（2010）[202]模型，另一方面更注重企业创新过程的微观分析。具体如图4-1所示，本书的开放式创新体系分为五个层面：

第一个层面是创新企业。重点反映企业创新过程。创新企业边界为虚线，用来表示企业边界的模糊特征，企业创新过程分为创意产生、研发设计、生产服务和市场营销四个环节，环节之间存在反馈机制，同时来自外部的行为主体可以穿过企业边界，参与到创新过程的各个环节。

第二个层面是企业网络。合作性企业、供应商和竞争性企业围绕创新企业共同组成企业网络，每个企业主体边界都是虚线，企业之间保持相对独立形态，但又通过市场合作、技术合作、组建联盟、上下游买卖、沟通交流、知识共享等方式形成竞合关系。

第三个层面是创新服务网络。创新服务机构包括人才培训机构、信息咨询机构、中介代理机构、专利服务机构、科技孵化机构、风险投资机构等。研究机构包括高等院校、科研院所等机构，主要从事基础类研究，作为知识供给方。用户群是产品或服务的体验者，用户向企业反馈需求信息和消费经验，帮助企业改善产品或服务，扮演了信息供给者角色。这三类主体虽然不直接从事创新活动，但也属于创新参与者，基本服务于企业创新。

第四个层面是政府机构。在三重螺旋结构模型中，政府是创新参与者，通过政策或制度制定参与创新，跟产业和大学三者间仅仅是职能划分的区别。从广义上来看，政府还担负法律法规执行、文化教育、市场监管等与创新密切的公共服务职能，另外还是企业创新的重要资金来源。政府不仅服务企业，也

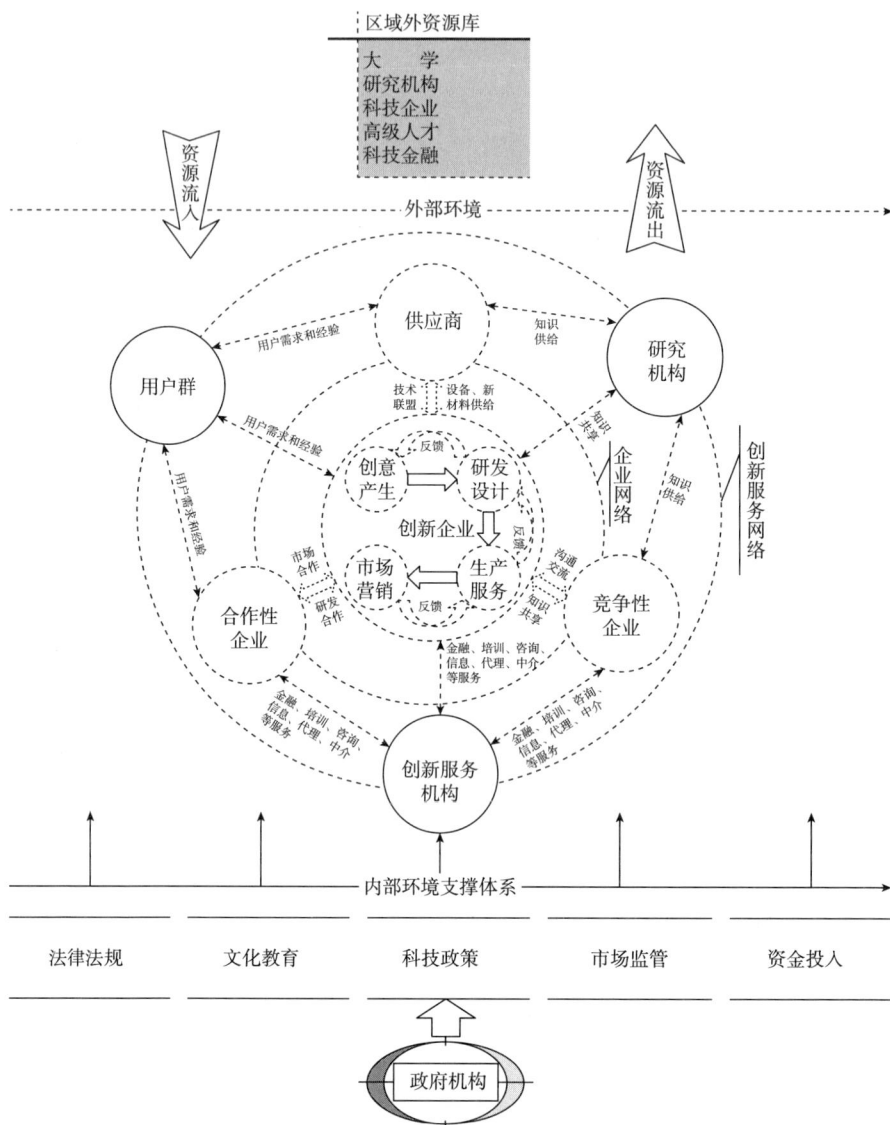

图 4 - 1 区域开放式创新体系示意图

服务整个创新服务网络。因此，政府是整个区域内创新环境支撑体系的构建者。

第五个层面是外部资源库。资源的流动不完全是区域内组织间，还存在区域之间的流动。改革开放以来，我国最大的特征是区域间的资源流动，国外向国内的产业转移，省际劳动力流动促进了境外先进设备、先进技术和管理经验与国内廉价的劳动力和土地的结合。

（三）构建区域开放式创新体系的启示

1. 需要站在资源大流通的高度来推进开放式创新体系构建

从开放式创新体系构成来看，经济主体形成了人－人、人－物、物－物相联系相作用的密集网络，为此必须深度破除资源流通壁垒。事实上，开放式创新正在重塑经济格局：一是除了传统一线城市，杭州、成都、武汉等城市表现亮眼，依托互联网经济加快推进资源要素集聚；二是城市空间布局再现集散新特点，新兴企业不断向大城市 CBD 写字楼区域集聚；三是产业资源在新兴产业快速和传统产业间的再分配。

2. 需要结合经济技术发展趋势来推进开放式创新体系构建

开放式创新的出现不是凭空而出，其产生的内在推动力是新经济的快速发展。近年来，新技术新产业新模式新业态如雨后春笋般涌现，各项经济活动明显加快，单项产品/服务的技术复杂度大幅提升，技术需求量呈爆炸式增长，集成创新的重要性日益显现。集成创新作为开放式创新的主要形式，说明开放式创新的基础是新经济蓬勃发展，要推进开放式创新体系构建，必须紧跟新经济的发展。

3. 需要引导企业创新治理现代化来推进开放式创新体系构建

从开放式创新的运行方式选择上可以看到，知识治理是开放式创新面临的重要问题。所谓的现代创新治理是推进企业管理创新制度体系的现代化，一方面对内要建立科学化的专利技术、数据和知识管理机制，强化企业内部的创新资源供给能力；另一方面对外也要建立交流合作机制、动态信息收集机制、多样化协作模式，有计划有意识地持续加强对外联系、交流与合作，尽量降低交易成本和协调成本。

4. 需要加大创新资源供给来推进开放式创新体系构建

实施开放式创新就是实现创新资源的互补共赢，创新资源包括中高端人才供给、土地要素、资本要素、技术知识供给、完善的产业链、需求供给等。因此，必须加大创新资源的存量规模，补全资源要素缺失短板，提升要素资源利用率，形成要素集聚高地。此外，要促进资源要素重构，积极搭建资源要素重构的平台，包括建立健全技术交易市场、中高端人才市场、科技展览会、土地流转市场、产业联盟、研发联盟、创投资本为主的投融资体制等。

5. 需要强化法律法规制度保障来推进开放式创新体系构建

从开放式创新的微观基础分析可以看到，企业间的创新协作必须注重减少不确定性所带来的交易成本、协调成本，以及知识的非自愿溢出。在创新过程中，交易成本、协调成本、契约的剩余权权利分配问题往往导致协作破裂，更为完善的法律法规是开放式创新的重要保障。尤其是产权制度的完善和有效执行，更有利于建立权责清晰的合作机制。

四、构建区域开放式创新体系——以广州为例

我国近些年来高度重视区域联动发展，重点推进城市圈、城市群、区域经济一体化、主体功能区、自贸区等新区域增长极的培育与发展，布局了京津冀协同发展、长江经济带发展、粤港澳大湾区建设等重大战略，并将区域协同创新体系的构建作为重要内容和关键一环。北京都市圈、上海都市圈、广州都市圈、深圳都市圈等俨然成为国家参与世界竞争的重大平台，推动核心城市成功构建开放式创新体系是驱动超大都市圈实现区域协同创新的基础与前提。

（一）广州创新体系的发展现状

1. 广州创新体系的构成情况

（1）创新型企业。

科技创新企业规模不断增加，2020 年高新技术企业数量 1.2 万家，营收

百亿、十亿、亿元以上高企分别较 2015 年增长 113%、81% 和 177%。国家科技型中小企业备案入库三年累计数达 3 万家，居全国城市第一。规模以上工业企业建立研发机构比例达 51%，实现 5 亿元以上大型工业企业研发机构全覆盖，高新技术产业产值占规模以上工业总产值的比重达 50%。2020 年胡润全球独角兽榜上企业 8 家。

（2）研究机构。

广州聚集全省 80% 的高校、97% 的国家级重点学科，高校总数 82 所，其中大学 37 所（985 院校 2 所，211 院校 4 所），高职专科 45 所，民办高校 29 所，拥有中山大学、华南理工大学 2 所世界一流大学建设高校和 18 个"双一流"建设学科，华南理工大学广州国际校区、中国科学院大学广州学院、香港科技大学（广州）相继落户。2019 年，全市各类研究机构 185 家（中央属 27 家、省属 94 家、市属 64 家）。其中，理工农医类 77 家、社会人文科学领域机构 10 家、科技信息和文献机构 7 家，从事研发与技术服务的其他事业单位 91 家。2019 年，全市拥有国家重点实验室 20 家、省重点实验室 237 家、68 家省级新型研发机构、中国科学院科研院所 5 所；国家级企业技术中心 29 家，国家级科技企业孵化器 36 家、众创空间 252 家。

（3）产业园区。

广州是国家自主创新示范区，拥有国家级高新技术产业开发区 1 个，国家级经济技术开发区 3 个，国家级大学科技园区 2 个，国家级高新技术产业基地 17 个，国家级科技合作基地 14 个，省级科技合作基地 23 个。目前，全市正大力推进按照"1 + 2 + 4 + 4 + N"战略创新平台布局，即建设呼吸系统疾病领域国家实验室一个，建设粤港澳大湾区国家技术创新中心、国家新型显示技术创新中心，建设人类细胞谱系大科学研究设施、冷泉生态系统研究装置、智能化动态宽域高超声速风洞、极端海洋动态过程多尺度自主观测科考设施 4 个重大科技基础设施，建设生物岛、南方海洋科学与工程、人工智能与数字经济、岭南现代农业科学与技术 4 个省实验室，建设多个高水平创新研究院。

（4）人才资源。

2019年，全市每万人拥有专业技术人员176.7人，规模以上工业企业R&D人员数99979人，R&D人员折合全时当量约72877人年。科技创新高端人才储备充足，2020年，在穗工作的两院院士达115名，钟南山院士荣获"共和国勋章"，徐涛院士、张偲院士、徐宗本院士、李家洋院士担任4家省实验室负责人。

（5）资金投入。

2019年，全市R&D经费支出约677.74亿元，占全市GDP比重为2.87%。其中规模以上工业企业R&D经费支出286.24亿元，地方财政科技一般预算支出243.95亿元，财政科技投入占财政支出比重为8.51%。2019年，科学研究与技术服务业非企业单位的R&D经费内部支出103.30亿元，经费来源渠道有政府、单位自筹（企业资金、事业单位资金）、国外资金、其他资金（贷款）。

2. 广州创新体系运行成效

（1）知识产权创造持续快速增长。

2019年，广州受理专利申请177223件，增长2.37%。其中发明专利46643件，占申请量的26.3%；专利授权104813件，增长16.7%，其中发明专利授权12222件，增长13.2%；万人发明专利拥有量39.2件，获第二十一届中国专利奖金奖2项、优秀奖44项，获第六届广东专利奖金奖5项、银奖12项、优秀奖20项、杰出发明人奖4项；PCT国际专利申请量1622件。全市商标注册量34万件，马德里商标国际注册1521件，累计有效注册商标总量125万件，占全省商标总数的28%。

（2）技术知识市场日趋活跃。

2019年，全市共登记技术合同21074项，同比增长73.33%，成交额突破1000亿元，达到1273.36亿元，同比增长77.01%；其中，技术交易额975.07亿元，同比增长41.26%。技术合同登记项数、成交额、技术交易额均连续两年稳居广东省首位。举办首届粤港澳大湾区知识产权交易博览会，参展机构 302 家，累计进馆参观人数达到 2.26 万人，促成知识产权合作意向金额 101.47 亿元，实现知识产权交易额 26.23 亿元。2019 年全市专利权质押融资总额 54.14 亿元，居广东省各地市首位。开发各类保险产品 17 类，实现知识产权类相关保险保额共计 2.02 亿元，投保专利 4800 余件、商标 6500 件。市重点产业知识产权运营基金累计投资 9 个项目 2.73 亿元。

（3）经济效率显著提升。

规模以上工业企业全员劳动生产率逐年提升，由 2010 年的 21.50 万元/人增加到 2019 年的 34.63 万元/人。地区生产总值能耗稳步下降，由 2010 年的 0.621 吨标准煤/万元下降到 2019 年的 0.266 吨标准煤/万元。经济结构不断迈向高端化，广州的高新技术产业体系覆盖了生物与医药制造、新能源及节能、航空航天、新材料、电子信息、高技术服务业等多个领域。2019 年，全市规模以上高新技术产品产值规模达 9518.69 亿元；高技术产业发展迅猛，全年高技术制造业增加值增长 21.0%，占规模以上工业比重为 16.2%，同比提高 2.8%；先进制造业增加值占规模以上制造业增加值比重为 64.5%。

（4）新动能加快成长。

2019 年，医疗设备及仪器制造业，航空、航天器及设备制造业，医药制造业，电子及通信设备制造业四大产业产值分别增长了 53.5%、13.5%、10.2%、5.7%。新产品增势良好，新能源汽车产量增长 1.1 倍，智能手表、智能手机、平板电脑、智能手环等符合消费潮流的智能化产品产量分别增长 2.4 倍、2.2 倍、68.4% 和 18.3%，液晶显示屏产量增长 12.5%，锂离子电池产量增长 32.1%，医疗仪器设备及器械增长 26.5%。互联网经济蓬勃发展，涌现了网易、唯品会、YY、酷狗、UC、微信、4399 等一批知名互联网企业，带动了全市互联网产业高速增长。

3. 广州创新面临的突出问题

广州的创新型企业、研究机构等创新主体数量不少，各类产业园区、科研平台也较为完善，科研人员和资金投入较为充足。总体来看，广州的创新能力较强，也取得了较大的成效，但近年来创新发展的后劲却表现不足，尤其跟邻近的深圳对比，经济活力表现还不够活跃。突出表现在以下几个方面。

一是工业增速表现明显乏力。2014 年以来，广州工业增加值和工业总产值的增速就进入个位数时代，2019 年规模以上工业总产值、工业增加值分别增长 4.7%、5.1%，低于全市经济增长速度，低于全国、重庆、东莞、佛山。

二是新兴产业占比有待提升。在与深圳对比中可以发现，深圳先进制造业发展引领全省，先进制造业、高技术制造业增加值占规模以上工业的比重明显高于广州。广州服务业优势集中交通运输业、批发零售业、传统商贸业等领域，金融业、信息软件业占比明显偏低。

三是创新型领军企业缺乏。2020 年《财富》中国 500 强，广州企业占 17 席，其中房地产行业入围数较多，跟北京、上海和深圳相比，在质量、数量和规模上均存在上升空间。广州缺乏腾讯、华为、阿里巴巴、京东、中国平安保险、万科等级别的创新型领军企业。

四是科技金融支撑力度不强。广州的金融业以银行为主，凭借省会城市优势，银行业一枝独秀，而证券、保险、风险投资等则滞后于经济发展需要。相比之下，深圳的银行、证券、保险发展较为均衡，科技金融业也较为发达，多个"国家队"基金、地方基金和市场基金入驻，注册登记的各类股权投资基金企业数量占全国比重约为 1/3，享有"创投之都"之誉。

五是高端人才吸引力稍显不足。较多企业，尤其是金融、信息软件等新兴产业领域的企业反映，广州专业人才和高层次人才较为紧缺，与邻近的深圳相比，广州在薪资水平、入户、子女教育及其他政策扶持等方面缺乏竞争力，以至于对高水平人才的吸引力稍显不足。

广州创新存在的这些突出问题并非是孤立现象，而是长久以来广州资源配置体系深层次矛盾的集中反映。在经济新常态形势下，要促进广州经济可持续发展，推动经济发展方式转变，必须进一步完善资源配置机制，加快广州资源高效流动，引导资源向增长潜力大、经济效益好、环境污染少、资源能耗低、业态模式创新的企业或产业流动。要通过构建开放式创新体系，为广州经济发展建立高效的吐故纳新机制，以保障高端要素流入、低端要素淘汰，为经济发展注入新活力。

（二）广州构建开放式创新体系总体思路

1. 路径选择

通常来说，一国或地区最佳的创新状态往往是较强的创新能力和较高的开放度同时兼得。从传统的"弱创新、低开放"状态到开放式创新体系"强创新、高开放"状态的发展，存在一定的演化规律，存在许多潜在的演化路径。崔新健等（2014）[201]归纳了国家开放式创新体系的几条发展路径，认为最具代表性的有三条，如图4-2所示。每条路径的选择，取决于初始经济状态。路径一的选择前提是，创新能力可以快速提升，当能够应对来自外部创新竞争时，再逐步扩大开放。路径二的选择基础是创新基础薄弱，需要借助外力提升创新能力，逐步达到较强的创新能力，再进一步扩大开放。路径三的选择是创新与开放同时演进提升，基于交互演进动力学原理，创新带动与开放促进共同交互发展，两方面力量均衡发展。

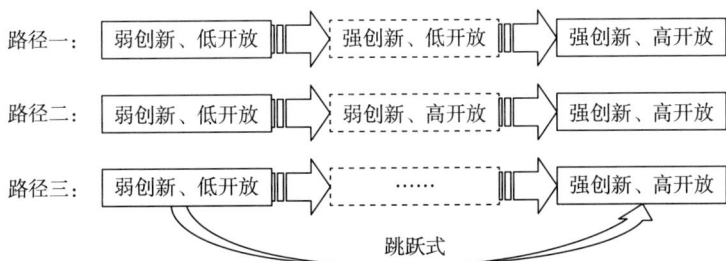

图4-2　开放式创新体系演化路径示意图

广州号称"千年商都"，开埠通商历史悠久。改革开放以来，广州研发投入不足、设施不完善、基础性研究不强、创新体系的机制体制不完善，自主创新能力总体较为薄弱，经济发展只能以要素驱动为主导。因此，20世纪

70年代末至90年代末，广州着力推进改革开放，积极充当全国对外开放的前沿地。进入21世纪，伴随改革开放的纵深推进，经济规模持续快速扩大，广州的技术创新、组织创新、模式创新、金融创新、文化创新、制度创新等如雨后春笋般冒出来，自主创新能力得到了显著增强，有效带动了经济效率的提升，大力实施创新驱动开始成为广州经济发展战略的重要选项。广州的创新体系实际上经历了"弱创新、低开放"到"弱创新、高开放"的阶段，本来应该迈向"强创新、高开放"的阶段，但经济技术的快速变化，反而导致广州的演化历程陷入"低开放"阶段。这里的"低开放"并不是指广州经济政策逆行走向封闭，而是指相对于经济技术的快速变化而言，广州的创新体系未能及时调整以适应新形势新变化。

广州已经具备了一定自主创新能力，经济长足发展为广州创新驱动奠定了坚实的基础。此外，粤港澳大湾区、中国特色社会主义先行示范区"双区"建设与全面创新改革试验区、自由贸易试验区、国家自主创新示范区"等历史机遇联动叠加，有利于集聚大体量、综合性、全链条的重大创新平台，打造特色鲜明、竞争力强、高端集聚的现代产业体系，形成创新要素自由流动、体制机制充满活力、国际国内深度融合的开放创新格局。因此，广州的创新体系演化路径应该选择"强创新、高开放"的模式，推动创新和开放同时演进，创新带动与开放促进共同交互发展、螺旋式上升。

2. 总体思路

全面贯彻党的十九大精神，以习近平新时代中国特色社会主义思想为指导，牢固树立新发展理念，认真落实国家、省、市创新战略部署，以粤港澳大湾区建设、"一核一带一区"格局构建为契机，围绕构建开放式创新体系的目标，坚持以企业为主体、市场为导向，不断突出资源共享理念，按照"除壁垒、扩开放、搭平台、促合作"的基本工作思路，大力推进新经济发展，深度破除要素流通壁垒，进一步扩大对外开放，积极搭建创新协作平台，加大创新要素供给，强化法律法规保障，力争形成流通顺畅、运行高效、合作共赢、共享共治的资源流通格局，推进广州迈入"强创新、高开放"的新阶段。

3. 基本原则

坚持以企业为主体的原则。在开放式创新体系之中，核心圈是以企业中心的企业网络。只有建立健全了以企业为核心、以企业需求为基础、以创新链为形态的科研运行机制和政策导向，才能有效推进新技术、新材料、新工艺、新模式等的集成应用。

坚持以市场为主导的原则。坚持市场引导，有利于发挥价格调节作用，有利于增强市场竞争。强化市场引导，就要减少政府"有形的手"的干扰，甚至对企业研发的财政扶持或是奖励都可能引起市场信号的紊乱，导致资源错配。坚持市场引导，还需要减少市场壁垒，让市场发挥支配性作用，任何违背市场机制产业政策，都将导致经济损失。

坚持资源共享的原则。资源共享是开放式创新的内涵之一。坚持资源共享，一是有助于提升社会资源的有效利用效率，促进资源流动和配置；二是有助于调动社会积极性，降低创新组织成本；三是有助于强化政府公共服务功能，加大公共资源的有效供给。

坚持以人为本的原则。创新的关键是人才，尤其是那些具备卓越领导能力、逆向思维能力、战略思考能力的创新家，以及业务能力突出的管理和技术人才。要进一步建立健全以人为本的人才引进、人才培育、人才激励、人才评价机制，要将人的积极性、能动性、创造性给调动起来。

坚持合作共赢的原则。合作共赢是开放式创新的动机，也是结果。开放式创新体系，不仅要求生产要素资源突破传统的产权、时空和人事组织等约束，同时也要求要强化产权保护、强化契约精神和强化利益分配机制，要有效保障好各治理方的合法权益。

（三）广州构建开放式创新体系的战略布局

1. 夯实企业创新主体地位，推动创新企业结网发展

培育壮大创新型企业。在开展对外科技创新交流与合作上，无论是从能

力还是主动性上，创新型企业都表现得更好，是构建开放式创新体系的主体。科技创新的制度体系必须围绕企业的需求、发展来制定。鼓励企业建立现代创新治理体制，引导企业有计划、持续性地增加创新投入，积极开展对外交流合作，强化企业的创新投资主体性和主动性。在优质企业遴选和培育上，建立可操作性强、科学合理的企业评判体系，建立企业培育全流程服务体系，有针对性地开展企业帮扶服务。产业扶持政策，要更多地关注成长快、业态新、前景好、效益高、资源消耗低的中小微企业。尤其是财政金融政策，要更多体现对中小企业的"雪中送炭"，而非大型企业的"锦上添花"。

积极发展开放式创新的经济载体"四新经济"。根据前面的研究可以知道，新行业发展初期往往更为开放，创新需求和要素流动更大，也更有利于构建开放式创新体系。"四新经济"，即新技术、新产业、新业态、新模式，是对当前全球日新月异经济形态的总体性概括。"四新经济"的出现和发展正以掩耳不及迅雷之势改变着经济社会，其发展并不完全遵守传统产业发展路径，资源流动要求突破传统束缚，要在更大范围内实现重构。"四新经济"是开放式创新的经济载体，开放式创新是"四新经济"的推动助力，二者相伴相随、相互促进。除了互联网经济，还有人工智能、无人驾驶、无人机、物联网、航空航天、新材料、新能源、生物医药、智能装备、信用经济、知识产权保护、信息安全、现代物流等多个新兴领域尚待开发。必须严阵以待，在发展思维、空间布局、方向选择、要素供给、政策制定等方面都要围绕"四新经济"超前布局。

拓宽不同主体协作渠道。产学研合作是开放式创新的具体化途径之一，要继续加强产学研合作，积极为大学－产业－研究机构搭建合作平台，推进合作组织网络形成和壮大。鼓励创建产业技术联盟，鼓励企业、高校和研究机构等创新主体共同组建产业技术联盟。通过联盟共同承担产业技术研发创新重大项目，制定技术标准，编制产业技术路线图，构建联盟技术研发、专利共享和成果转化推广的平台及机制。依托广交会、会展经济的优势，积极承办技术和产品推介会、产业论坛、学术会议、国际交流会议等，提升会议层次和质量，鼓励企业积极开展创新合作，落实合作内容，促使广州成为新思想新机遇的重要诞生地。

2. 强化科技服务支撑，推动成果转化链结网发展

做大做强科技服务业。积极发展知识产权服务，以广州高水平建设知识产权枢纽城市为契机，以广州高新区国家科技服务试点区域、中新广州知识城知识产权服务集聚区等科技服务业集聚区为依托，建设知识产权示范区。加快技术设计、环境监测、工程技术与规划、勘察设计服务等职业化科技服务活动的现代服务行业发展，推进国家广告产业园、广州律师大厦、国家级人力资源服务产业园、国家检验检测高技术服务业集聚区（广州）规划建设。聚焦生物、节能、新材料、3D打印、科技众创空间等新兴产业，加快科技推广和应用服务业发展。推进大型企业科研部门独立成法人，做大做强科技服务业发展规模，增强科技服务业发展后劲。

加快发展科技金融。无论硅谷还是深圳，发展经验表明科技产业的发展离不开风险资本的推动。世界上第一笔"天使资本"来自斯坦福大学前校长弗雷德·特曼的538美元，结果诞生了惠普公司。斯坦福大学还设立风投机构 Stanford Student Enterprises，逾千家公司受到该风投机构的支助。近年来，广州提出打造"中国风险投资之都"，建设广州创投小镇，举办了广州创投周等活动，产生了良好的社会效应。要大力培育科技型中小企业，发展高新技术产业，必须在政策、团队、平台建设、服务等方面采取有效的措施支持广州创投发展、科技金融发展以及科技型中小企业发展，必须聚集更多的科技创新资源和创投资源。

引导科技成果转移链各环节结网。建立和完善创新科技成果转化机制，形成相应的政策制度，支持高校、科研机构建立科技成果转化中心、多个市场主体共建技术创新中心，吸引更多科技研究成果实现转化。立足"技术研发—产品想法—产品设计—产品生产—产品销售"路径，推动企业创新全链条服务体系提质增效。优化专业化孵化器和众创空间布局，完善"众创空间—孵化器—加速器—科技园"创新创业载体服务体系，用好旧厂房、旧物

业等发展创新载体,推动孵化载体专业化资本化品牌化国际化发展。落实新型研发机构"负面清单"制度,支持新型研发机构开展体制机制创新,提升技术创新、成果转化、孵化企业能力。打造新型共性技术平台,解决跨行业跨领域关键共性技术问题。

3. 破除要素流通壁垒,推动区域间结网发展

深度破除要素流通壁垒。广州虽号称改革开放前沿阵地,伴随市场经济体制的全面建立和区域竞争日益激烈,广州的开放优势不再明显,这就需要新思想新理念来深度破除资源流通壁垒。就创新发展而言,创新需要人、财、物的投入。三者之中,人是最重要的,尤其是人才更是关键性要素。而财主要指资金,其中最具市场引领意义的是风险资本。物泛指物资供给,其中最核心的是土地要素。要深度破除资源流通壁垒,首先,需要在人才、风险资本、土地要素流通制度上下功夫。其次,需要进一步减少限制性投资领域,破除行政性垄断产业,激发民间投资活力。再次,不断拓宽资源要素供给渠道,加快完善技术、人才、土地、股权、资本等要素市场体系。最后,要突出资源共享理念,当前联合办公、共享机床等模式有效降低了企业生产运营成本,凸显了资源共享价值。

重点强化人才保障。近年来,多个城市出现人才"抢夺大战",凸显了人才的重要性和稀缺性。广州对高水平人才的吸引力稍显不足,有必要在人才政策体系方面进一步优化提升。第一,以市场为导向培养人才。鼓励高校、研究机构以市场为导向,培养企业真正需要的专业性人才。第二,构建切实有效的人才引进体系。优化人才评判标准,注重统筹企业实际要求和行业标准。加大在户口、子女教育等方面的政策优惠,有效增强广州的吸引力。第三,建立高效的人才流动机制。破除人才流动壁垒,促进全社会人才自由流动,尤其是促进机关、高校、研究机构、国有企业等部门人才流动。第四,完善人才激励机制。调动人的积极性和创造性,引导更多人才参与到社会价值创造之中。

构建区域联动发展新格局。以国家建设粤港澳大湾区、省构建"一核一

带一区"发展格局为契机,全力打造广州都市圈,包括大力实施广深"双城"联动,加快广佛同城、广清一体化、穗莞合作,扎实推进广佛肇经济圈建设,稳步推进广佛肇清云韶经济圈建设,不断拓展港澳合作新领域,积极开展与中山、珠海等周边城市合作。共建广深港和广珠澳科技创新走廊,以广州人工智能与数字经济试验区、中新广州知识城、广州科学城、南沙科学城、广州大学城—广州国际科技创新城为龙头,沿珠江东岸链接东莞松山湖科学城、深圳光明科学城、深港科技创新合作区,沿珠江西岸连接中山翠亨新区、珠海西部生态新区和横琴粤澳深度合作示范区等重大创新平台,汇聚粤港澳大湾区高端创新要素并在广州进行集成创新和成果转化。

扩大对外开放。广州的外商直接投资80%～90%来自港澳,外商投资资金的50%投放在房地产行业。欧美高端企业入驻偏少,涉及高端制造、高端服务业偏少,这表明广州的"引进来"还存在较大挖潜增效的空间。除了"引进来",广州的"走出去"也大有作为。伴随"一带一路"建设参与,广州的对外贸易格局出现新变化,与"一带一路"沿线国家的贸易量明显增多。而围绕"走出去"的法律、金融、交通等服务市场空间尚待开发,广州可提供服务的力量非常充足。广州有必要将依托南沙自贸区的政策优势,将其作为新一轮对外开放的突破口,积极扩大对外开放,打通外部连接壁垒,构建开放型经济体制,引导创新要素资源在国际空间范围流动。

4. 转变政府职能,强化政策保障

主动转变行政管理思维。开放式创新时代,新业态、新模式层出不穷,如电子商务、移动支付、网约车、共享单车、共享雨伞、无人超市、无人机等,对传统的行政管理产生了挑战。李克强总理强调,政府部门对待各类新业态、新模式要有"包容、审慎"态度。"包容"和"审慎"精准地表达了创新也是一把"双刃剑"的含义。既要鼓励创新,同时也要积极降低创新可能引起的风险,这意味着行政部门的职责较以往更重了。各相关部门不仅要依法行政,更要跟上新形势新变化,探索鼓励创新、审慎监管和社会共治的管理格局,主动作为、创新管理方式,建立科学合理的管理模式,及时防范风险，为市场创造公平竞争的营商环境，促进新产业、新业态健康发展。

完善创新关联方治理机制。开放式创新涉足多方面的行为主体，应该说除了企业本身、协作方、上下游供应商以外，还包括用户、周边居民、地方政府等，必须完善创新关联方治理机制。例如，近年来，关于网约车、共享单车的治理引起了人们的关注，二者的出现给百姓带来了生活便利，但也引起了包括交通拥堵、乘车安全、乱停乱放等新的社会问题，而在法律法规尚未完善之际，缺乏有效治理的创新，往往导致以共享之名提供"脏资源"现象的出现，这也就凸显了创新关联方治理的重要性。要进一步建立健全治理机制，必须在企业内部治理、社群治理、社团治理和政府治理的共同作用之下形成平衡点，形成一整套有效政策措施。

加强法律法规保障力度。首先，围绕企业创新合作，加大与关于合同、股份、产权、公司等法律法规的宣传和普及，不仅要求协作双方遵守法律，还要支持企业建立权责清晰、分配合理的合作机制，最大限度减少因不确定性所引发的交易成本、协调成本和剩余索取权的争夺。其次，加大知识产权保护力度。加大知识产权保护力度，一方面有助于为产权定价和行为定性，另一方面有助于树立广州良好形象。最后，营造公平竞争的市场格局。要放宽市场准入，运用法律法规打破行政、区域、行业等垄断，强化市场资源配置功能。严格执行市场监管职能，严厉惩处垄断行为和不正当竞争行为，防止不公平竞争导致劣币驱逐良币。

第五章 研究结论、理论含义及研究不足

一、研究结论

科技资源流动和重组推动了全球范围内开展协作研发、保护知识产权、参与技术标准合作的开放式创新潮流，进而形成了全球创新网络。不仅企业必须保持开放式创新的态度，地区甚至国家均必须顺应时代潮流，融入或构建区域开放式创新体系。虽然开放式创新在全球掀起了潮流，但其微观形成机制始终未能得以详细而充分阐述，尤其是在实施开放式创新背景下，应当如何看待自主研发和技术引进的关系，还有待辩证的分析。本书系统论证了开放式创新的起源、内涵，继而建立了开放式创新产生的微观分析框架，从经济学角度探讨了企业决策机制的形成，再从治理维度深入探讨了开放式创新的运行方式，最后探讨了区域开放式创新体系构建，得出了丰富的理论结论。

（一）关于开放式创新的概念和内涵探讨结论

在系统考察了封闭式创新的起源、开放式创新的产生，比较分析开放式创新与封闭式创新后，本书归纳总结开放式创新内涵的五大基本特征：一是

强调创新资源跨界流动、交换与整合；二是实施路径选择基本依据是创新资源的比较优势；三是必须建立在一定的创新资源治理机制下；四是目标在于价值创新；五是可应用于不同层次主体，即个体、项目、商业单元、生态或社区、企业、区域或国家创新体系。在这五个特征的基础上，本书提出开放式创新是为实现价值创新，在一定治理机制基础上，基于创新资源获取、利用与收益等方面比较优势的考虑，通过多元化途径选择，实现创新资源跨界流动、交换与整合的一种策略、模式、范式、思想或体系。

（二）关于开放式创新的微观形成机制探讨结论

为简化分析，本书将开放式创新的微观形成机制，简化为企业关于技术获得的决策机制，即"自主研发"还是"外部引进"。事实上，国内外学者围绕"自制"还是"外购"的研究已进行了不懈的努力，总体来看，相关研究经历了三个阶段：初级阶段（20世纪80年代），以理论探索为主；中期阶段（20世纪90年代），以主导理论形成为主，主要是交易成本理论的应用；成熟阶段（21世纪以来），以实证检验和相关性分析为主。从现有理论来看，学者们通常将技术获取问题归结为"自制"与"外购"在知识要素领域的反映，这样技术知识获取策略选择涉及企业行为边界，技术知识获取理论本质上属于企业理论，是企业理论在创新领域的延伸。但是知识并非普通的产品或服务，而是有着独特属性的经济要素，这导致问题变得复杂，传统的交易成本理论无法充分说明企业行为。本书分别从问题求解、博弈视角入手对开放式创新微观机制展开分析。

（1）开放式创新产生的本质是技术推动下创新性质的改变，导致企业知识边界线发生了移动。创新对知识的需求衍生了企业所面临的知识边界线，创新的性质（可细分性、规模与普遍性）决定了知识边界的特征。技术进步改变了创新的性质，导致企业知识边界的移动，促使开放式创新的产生。为说明知识生产的发生，本书将创新每个环节视作一个问题的集合，这样问题求解构成了创新的微观基础。为了探讨企业在问题求解中的策略选择，本书考察了问题的性质与所需知识间的关系。本书理论分析表明，问题的可细分性、规模与普遍性的三大性质决定了所需知识的特征（复杂性、规模和独特性），这些特征是知识生产成本与供给的主要决定性因素，创新者基于技术知识获取成本的权衡，对策略进行选择。

（2）企业市场博弈策略是影响企业实施开放式创新的重要影响因素。为将市场竞争、不确定性、产品更新、知识的有限供给等因素纳入分析框架，本书构建了一个三阶段创新竞争博弈模型，理论研究发现知识的供给策略、竞争对手的研发投入、成本对比、产品更新周期及成本变化比率等都对企业的内外源知识获取策略产生影响。在竞争的背景下知识的可获得性具有内生性特征，理性的知识供给方的策略选择对下游的知识获取策略产生了直接影响，如果是多元化供给，则企业需求方倾向于外部获取策略；如果是独占性供给，企业会倾向于内部获取。在不考虑产品更新的情况下，企业的策略选择会受到竞争对手研发投入和双方的成本对比的影响，竞争对手研发投入越高，且企业双方相对成本比率越大，企业会越倾向于内部获取；否则，企业会倾向于外部获取。在考虑产品更新的情况下，企业的策略选择会受到竞争双方的成本变化比率以及产品更新周期的影响。成本变化比率越小，企业越倾向于知识外部获取；成本变化比率越大，企业越倾向于知识内部获取。在一定时间约束内，产品更新周期越快，企业越偏好知识内部获取；产品更新周期越慢，企业会越偏好知识外部获取。

（三）关于开放式创新的运行方式探讨结论

实施开放式创新，不仅是企业关于选择"自制"还是"外购"的选择，还涉及多种"外购"模式的选择。这些不同外部知识获取模式有着本质差别，主要体现在所有权的差异上，以及相应管理权、非适应性等方面，而这些差异将直接导致不同模式在可协调性和适应性方面存在差异。为了说明这些差异性是如何影响企业选择，本书构建了一个分析框架，定义了不同模式下的协调性、互补性，以及创新性质不同特征应匹配不同模式，从而说明企业决策机制。这些模式本质即是知识治理模式，更准确地说，是以价值创造为目的的知识治理。模型分析结论如下：

一是不同外部知识获取模式需要不同的协调机制，且面临的协调成本和协调效率上也有较大差异，企业在不同治理模式的协调效率与成本上的需求是决定知识治理边界的主要因素之一。

二是即便自主研发所面临的规模约束大于外部获取的规模约束，协调性成本会抑制企业选择更具协调性的治理模式。即自主研发虽然较为低效，但不会为更具协调性的外部引进模式付出更大的成本，而是坚持自主研发。

三是即便知识的内部获取的规模约束小于外部获取的规模约束，若外部知识互补效应较高，企业也会选择更具协调性的治理模式。也就是外部技术引进虽然较为低效，但若互补性强，企业依旧愿意为更具协调性的外部引进模式付出成本，而不会选择自主研发。

四是企业知识治理边界位置主要受三个要素的影响，分别是互补性、协调性以及交易成本，遗漏互补性和协调性因素时，会导致基于交易成本理论所形成的知识治理边界发生偏差，即加大外部技术引进策略选择倾向。

（四）关于构建区域开放式创新体系探讨结论

开放式创新体系是，在一定空间范围内、在一定的秩序规则和制度安排的基础上，通过引导生产资源要素突破传统生产壁垒所形成的有利于提升企业创新效率的一种生产组织体系。相比于传统创新体系，开放式创新体系最显著的区别有两点：一是更注重创新网络构建，二是组织边界的模糊化和组织的虚拟化。从构成上来看，开放式创新体系可以划分为五个层面，分别是创新企业、企业网络、创新服务网络、政府机构、外部资源库。为构建区域开放式创新体系，一是要站在资源大流通的高度来推进，二是要结合经济技术发展趋势来推进，三是要引导企业创新治理现代化来推进，四是要加大创新资源供给来推进，五是需要强化法律法规制度保障来推进。

二、理论含义

（一）多措并举推动企业知识边界向下移动

当两位猎人遇到一头狮子时，两人为了生存首先会快速奔跑，其目的不是要在速度上超越狮子，而是试图将另一个人送入狮口，从而自身得以脱身。基于交易成本理论所蕴含的一种战略性安排，就是要回避知识交易可能引发的各种"风险"，重点要防范"投机"。通常人们并不会怀疑这种观点的正当性，因为当交易发生时，将主要注意力转向"风险"所引发的成本就是实现自身利益最大化。该观点的出现为人们在组织建设、企业策略制定以及社会制度建设上提供了重要的理论支撑。但这种战略性安排，鼓励人们将更多的关注力放到避免"负效应"上，而不是价值创造上，最终反而有可能导致囚徒困境的发生。

试想换个角度，若两个人策略改为合作共同对付狮子，结果是否会更好？最好的结果是两人不仅都可以生存而且也可以获得猎物，之前的策略下这种结果出现的概率为零，新的策略下这种结果发生概率大于零。这是本书所述知识治理理论所蕴含的一种战略性安排，也是与交易成本理论的主要区别之处。按照本书的理论分析，一定的知识需求下，企业的知识治理边界的高低决定了策略选择，而不是自主研发能力。即便自主研发能力很强，也会面临知识治理边界过低的情形；或者自主研发能力不强，也会面临知识治理边界较高的情形。要促进开放式创新，则应该推动企业知识边界往下移动。

提升企业知识治理边界有效途径有三个，分别是增加知识供给、提高协调效率及降低交易成本。增加知识供给存在两种方式，分别为增加现存知识的有效利用和鼓励创造新知识，不同方式对应不同的创新政策。前者要求破除知识/信息流通壁垒，让创新的要素汇集在企业之间，让企业边界上的知识得以快速流动，搭建企业合作平台，其中至关重要的因素是知识载体——人才的自由流动以及企业信息交流；后者要求国家扩大在基础性研发领域的支出，加大对高等院校、公有研究机构等的财政支出以及企业或个人自主创新项目的扶持。提高协调性同样存在两种方式，采用现代协调手段和提高人力资本水平。在现代交通和通信发展以前，跨国企业并不多，也不倾向于对外直接投资，更多地以货物交易作为主要的对外贸易手段。伴随着现代交通和通信技术发展，企业协调成本大幅下降，跨国企业 FDI 行为非常频繁，而企业边界随之大幅向外扩张。显然，新兴技术的出现会降低企业协调成本。提高人力资本水平也可以降低企业协调成本，具有专业技术知识以及良好个人素养的人，无论在组织间还是组织内的协调，都受隐性知识影响更少，更易于降低协调成本，因此，国家应该增加教育投资。根据交易成本理论，知识交易会引发各种风险，一个充满信任危机的社会，很难实现有效的合作。因此完善知识交易制度性建设则是提升企业知识治理边界所必需的，只有在完善的制度保障下，知识交易参与的利益才有保证，才能鼓励知识交易的发生。

（二）破解自主创新难题的钥匙——开放式创新

我国历来重视技术外部引进，长期以来一直鼓励企业引进国外先进技术。这主要源于改革开放初期，我国科技创新能力较弱，但最终的结果却往往是后劲不足，难改其处于产业链低端的地位。基于知识获取上的策略性行为分析，我们知道，自主研发和外部知识购买策略选择所引致的企业在技术更新能力和更新动机上的差异性才是深刻的。企业在决策过程中，往往忽视外部技术引进的时效性会动态变化，在进入市场后不注重自主研发，在产品更新换代过程中竞争力逐步下降，最后面临被淘汰的局面。为此，我国近年来开始转变策略，实施自主创新战略，但一直收效甚微，如何破解自主创新难题成为重要命题。

要破解这个难题，首先应该明白，自主创新并不等于知识的完全"自制"。知识获取理论表明，企业自主创新是一个问题集求解的过程，首先面临的是一条由问题的性质决定的知识边界，知识边界的特征决定了企业面临一定知识需求时可能的策略集合。伴随着现代知识经济的发展，创新的复杂化是必然的趋势，企业与个人所面临的知识边界的趋势都是向下移动，因此企业未来的策略将会采用更多的外部来源技术知识，企业知识边界的知识流动性会愈加频繁与广泛。要实现有效率的自主创新，则需要整合资源，包括组织内和外部资源，发挥外部知识的效应，才能提升自主创新。这便是第五代以开放性为特征的创新。开放式创新强调有意识地流入和流出知识以加速内部创新，并为外部创新运用扩大市场。但普遍认为开放式创新缺乏具体的范式，是一个并不明确的概念。尽管如此，它依旧代表了创新模式的发展趋势。

同时也应该认识到，实施开放式创新也不等于放弃自主研发。开放性创新是一种思维，本质上强调组织内外资源的整合。内外资源知识并无异质性问题，从这个意义上说，开放式创新与鼓励自主创新事实上是等价的。外部知识获取策略选择往往表现为一种短期性行为，而自主创新则是一种长期的策略。随着市场动态变化，在激烈市场竞争下，以外部知识获取为主导策略的企业，为打造核心竞争力，必须将外部获取知识内部化，最终会选择自主创新为主导的知识获取策略。当前，知识经济时代的来临，引致整个社会技术周期呈缩短的趋势，忽视自主研发，仅通过技术购买的方式抢占市场先机的优势被大幅缩短。

三、研究不足与展望

本书从多个维度阐述了开放式创新形成的微观机制和运行机制，这个领域的研究伴随着"四新经济"的进一步发展，依然具有重大现实意义和充满吸引力，还需要更多视角对其进行理论分析。本书认为如下领域尚需要深化。

（1）关于开放式创新的实证研究。本书基于逻辑演绎，提出了较多的理论观点，但限于数据可获得性，不能对所有观点逐一展开实证检验，或虽然有实证检验，但未能提供全面而充分的说服力。

（2）关于开放式创新的理论分析框架。本书试图建立一个系统化精准化的分析框架，但该领域目前尚未形成一个权威且广泛认可的理论分析框架，还有诸多影响因素需要纳入考虑。

（3）关于区域开放式创新体系的研究。目前，关于区域开放式创新体系的研究并不多，尤其是理论分析与实际结合不够紧密，理论分析相对滞后实际发展，不仅需要建立系统性的理论分析框架，还需要促进对实践的指导。

参考文献

［1］刘立. 论工业中科学制度化和科学职业化［J］. 科学技术与辩证法, 1996 (5): 44 - 49.

［2］Chesbrough HW. The Era of Open Innovation［J］. Mit Sloan Management Review, 2003, 44 (3): 35 - 41.

［3］Katz R, Allen TJ. Investigating the Not Invented Here (nih) Syndrome: A Look at the Performance, Tenure, and Communication Patterns of 50 R&D Project Groups［J］. R&D Management, 1982, 12 (1): 7 - 20.

［4］Hippel EV. The Sources of Innovation［J］. Psychopharmacology Bulletin, 1988, 31 (2): 50 - 58.

［5］Cohen W, Levinthal D. Innovation and Learning: The Two Faces of R&D［J］. The Economic Journal, 1989, 99 (397): 569 - 596.

［6］Cohen W, Levinthal D. Administrative Science Quarterly［M］: Elsevier Inc. , 1990: 128 - 152.

［7］Chesbrough HW. Open Innovation: the New Imperative for Creating and Profiting From Technology［M］: Harvard Business Press, 2003.

［8］Arrow K. Economic Welfare and the Allocation of Resources for Invention［J］. Revista Brasileira De Inovação, 1962, 7 (2): 261.

［9］王雎. 开放式创新下的占有制度: 基于知识产权的探讨［J］. 科研管理, 2010 (1): 153 - 159.

［10］H Boisot M. Knowledge Assets：Securing Competitive Advantage in the Information Economy ［M］. New York：Oxford University Press，1999.

［11］应瑛，刘洋，魏江. 开放式创新网络中的价值独占机制：打开"开放性"和"与狼共舞"悖论 ［J］. 管理世界，2018，34（2）：144 - 160，188.

［12］Silva Mapmd. Open Innovation and Iprs：Mutually Incompatible or Complementary Institutions? ［J］. Journal of Innovation & Knowledge，2018.

［13］蔡剑，朱岩. 数字经济的开放式创新模式 ［J］. 清华管理评论，2021，92（6）：14 - 20.

［14］周圣强. 互联网条件下企业边界变化的再认识——基于企业知识理论视角 ［J］. 产经评论，2017，8（3）：71 - 80.

［15］Bouncken RB，Gast J，Kraus S，et al. Coopetition：A Systematic Review，Synthesis，and Future Research Directions ［J］. Review of Managerial Science，2015，9（3）：577 - 601.

［16］West J，Gallagher S. Challenges of Open Innovation：The Paradox of Firm Investment in Open - source Software ［J］. R&D Management，2006，36（3）：319 - 331.

［17］皮·杜阿尔，郑秉文. 试论技术创新全球化趋势——兼评"国家创新体制"理论 ［J］. 世界经济，1995（1）：20 - 23.

［18］Chiaroni D，Chiesa V，Frattini F. The Open Innovation Journey：How Firms Dynamically Implement the Emerging Innovation Management Paradigm ［J］. Technovation，2011，31（1）：34 - 43.

［19］Trott Paul - dap - hartmann. Why "Open Innovation" is Old Wine in New Bottles ［J］. International Journal of Innovation Management，2009，13（4）：715 - 736.

［20］Allen TJ，Cohen SI. Information Flow in Research and Development Laboratories ［J］. Administrative Science Quarterly，1969，14（1）：12 - 19.

［21］Tilton JE. The International Diffusion of Technology：Technological

Catch – up and Economic Growth ［M］. Brookings Institution Press, 1971.

［22］Rothwell R, Freeman C, Horlsey A, et al. Sappho Updated – project Sappho Phase Ii ［J］. Research Policy, 1974, 3 (3): 258 – 291.

［23］Rothwell R. Reindustrialization and Technology: Towards a National Policy Framework ［J］. Science & Public Policy, 1985, 12 (3): 113 – 130.

［24］Mowery DC. The Relationship between Intrafirm and Contractual Forms of Industrial Research in American Manufacturing, 1900 – 1940 ［J］. Explorations in Economic History, 1983, 20 (4): 351 – 374.

［25］Tidd J. Development of Novel Products through Intraorganizational and Interorganizational Networks the Case of Home Automation ［J］. Journal of Product Innovation Management, 1993, 12 (4): 307 – 322.

［26］高良谋, 马文甲. 开放式创新: 内涵、框架与中国情境 ［J］. 管理世界, 2014 (6): 157 – 169.

［27］张永成, 郝冬冬, 王希. 国外开放式创新理论研究 11 年: 回顾、评述与展望 ［J］. 科学学与科学技术管理, 2015 (3): 13 – 22.

［28］吕一博, 蓝清, 韩少杰. 开放式创新生态系统的成长基因——基于 iOS、Android 和 Symbian 的多案例研究 ［J］. 中国工业经济, 2015 (5): 148 – 160.

［29］陈劲, 梁靓, 吴航. 开放式创新背景下产业集聚与创新绩效关系研究——以中国高技术产业为例 ［J］. 科学学研究, 2013 (4): 577, 623 – 629.

［30］Friar J, Horwitch M. The Emergence of Technology Strategy: A New Dimension of Strategic Management ［J］. Technology in Society, 1985, 7 (2): 143 – 178.

［31］Granstrand O, Bohlin E, Oskarsson C, et al. External Technology Acquisition in Large Multi – technology Corporations ［J］. R&D Management, 1992, 22 (2): 111 – 134.

［32］Veugelers R, Cassiman B. Make and Buy in Innovation Strategies: Evidence From Belgian Manufacturing Firms［J］. Research Policy, 1999, 28（1）: 63 – 80.

［33］Cassiman B, Veugelers R. Complementarity in the Innovation Strategy: Internal R&D, External Technology Acquisition and Cooperation in R&D［J］. ESE Research Papers, 2002（3）.

［34］Zhao H, Tong X, Wong PK, et al. Types of Technology Sourcing and Innovative Capability: An Exploratory Study of Singapore Manufacturing Firms［J］. The Journal of High Technology Management Research, 2005, 16（2）: 209 – 224.

［35］Tsai K, Wang J. External Technology Sourcing and Innovation Performance in Lmt Sectors: An Analysis Based on the Taiwanese Technological Innovation Survey［J］. Research Policy, 2009, 38（3）: 518 – 526.

［36］陈晓红, 周源, 苏竣. 分布式创新、知识共享与开源软件项目绩效的关系研究［J］. 科学学研究, 2016（2）: 228 – 235, 245.

［37］阮平南, 赵宇晴. 基于开放式创新社区的用户需求识别研究——以小米社区为例［J］. 软科学, 2017, 31（12）: 20 – 24.

［38］张宁, 赵文斐, 庞智亮, 等. 企业开放式创新社区创意采纳影响因素研究——价值共创视角［J］. 科技进步与对策, 2021, 38（16）: 91 – 100.

［39］单晓红, 王春稳, 刘晓燕, 等. 开放式创新社区领先用户识别——知识基础观视角［J］. 数据分析与知识发现, 2021（9）: 1 – 19.

［40］Mansfield E. How Rapidly does New Industrial Technology Leak out?［J］. The Journal of Industrial Economics, 1985, 34（2）: 217 – 223.

［41］De Bondt R. Spillovers and Innovative Activities［J］. International Journal of Industrial Organization, 1997, 15（1）: 1 – 28.

［42］Harabi N. Channels of R&D Spillovers: An Empirical Investigation［J］. MPRA Paper, 1995.

［43］张忠耀. 基于美创平台的全球开放式创新体系［J］. 清华管理评论, 2019, 70（4）: 101 – 107.

［44］张忠耀．美的创新平台与项目孵化［J］．企业管理，2019，450（2）：58－60.

［45］韦夏怡．加速"聚合"全球科创资源　美的开放生态再升级［N］．经济参考报，2021－8－25.

［46］滕东晖，万新明，高俊光，等．用户需求＋跨界知识，打造突破性创新产品——HOPE平台的跨界融合［J］．清华管理评论，2019，68（Z1）：28－37.

［47］董芳芳．Apollo开放平台：赋能产教融合，推动行业创新［J］．软件和集成电路，2021，437（6）：32－33.

［48］李东红，陈昱蓉，周平录．破解颠覆性技术创新的跨界网络治理路径——基于百度Apollo自动驾驶开放平台的案例研究［J］．管理世界，2021，37（4）：130－159.

［49］李淑燕，孙锐．国外开放式创新研究学术群探析——基于作者共被引分析［J］．科研管理，2016（5）：10－18.

［50］何郁冰．国内外开放式创新研究动态与展望［J］．科学学与科学技术管理，2015（3）：3－12.

［51］West J，Salter A，Vanhaverbeke W，et al．Open Innovation：The Next Decade［J］．Research Policy，2014，43（5）：805－811.

［52］West J，Bogers M．Leveraging External Sources of Innovation：A Review of Research on Open Innovation［J］．Social Science Electronic Publishing，2014，31（4）：814.

［53］Chesbrough H．Managing Open Innovation［J］．Research Technology Management，2004，47（47）：23－26.

［54］范恺偈，李曦，乔文龙．开放式创新下的企业知识产权管理策略［J］．经济管理文摘，2021，777（15）：3－5.

［55］杨武．基于开放式创新的知识产权管理理论研究［J］．科学学研究，2006（2）：311－314.

［56］王雎. 开放式创新下的知识治理——基于认知视角的跨案例研究 ［J］. 南开管理评论, 2009（3）: 45 - 53.

［57］王红丽, 彭正龙, 谷峰, 等. 开放式创新模式下的知识治理绩效实证研究 ［J］. 科学学研究, 2011（6）: 949 - 960.

［58］Wang B, Zhang H, Li Z. Organisational Change in New Ventures in Chinese Context: The Open Innovation ［J］. Technology Analysis & Strategic Management, 2017, 30（4）: 1 - 12.

［59］Del Vecchio P, Minin AD, Petruzzelli AM, et al. Big Data for Open Innovation in Smes and Large Corporations: Trends, Opportunities, and Challenges ［J］. Creativity & Innovation Management, 2018, 27（1）: 6 - 22.

［60］Gassmann O, Enkel E. Towards a Theory of Open Innovation: Three Core Process Archetypes ［C］//R&D Management Conference, 2004.

［61］Greco M, Grimaldi M, Cricelli L. Open Innovation Actions and Innovation Performance ［J］. European Journal of Innovation Management, 2015, 18（2）: 150 - 171.

［62］盛济川, 吉敏, 朱晓东. 内向和外向开放式创新组织模式研究——基于技术路线图视角 ［J］. 科学学研究, 2013（8）: 1268 - 1274.

［63］Yun JHJ, Won DK, Park K. Dynamics From Open Innovation to Evolutionary Change ［J］. Journal of Open Innovation Technology Market & Complexity, 2016, 2（1）: 7.

［64］West J, Lakhani KR. Getting Clear about Communities in Open Innovation ［J］. Industry & Innovation, 2008, 15（2）: 223 - 231.

［65］Lerner J, Tirole J. Some Simple Economics of Open Source ［J］. The Journal of Industrial Economics, 2000, 50（2）: 197 - 234.

［66］Lakhani KR, Von Hippel E. How Open Source Software Works: "free" User - to - user Assistance ［J］. Research Policy, 2003, 32（6）: 923 - 943.

［67］Henkel J. Selective Revealing in Open Innovation Processes: The Case of Embedded Linux ［J］．Research Policy，2006，35（7）：953 - 969．

［68］董洁林，陈娟．无缝开放式创新：基于小米案例探讨互联网生态中的产品创新模式［J］．科研管理，2014（12）：76 - 84．

［69］陈佳丽，吕玉霞，戚桂杰，等．开放式创新平台中创新用户的互惠行为研究——以乐高创意平台为例［J］．软科学，2019，33（3）：96 - 100．

［70］Vanhaverbeke W，Cloodt M．Open Innovation：Researching a New Paradigm ［M］．New York：Oxford University Press，2006：258 - 281．

［71］江积海．基于价值网络的开放式创新——京东方的案例研究［J］．研究与发展管理，2009（4）：60 - 67．

［72］彭华涛，Sadowski Bert．开放式创新网络形成及演化的探索性案例研究［J］．科研管理，2014（8）：51 - 58．

［73］张明．开放式创新网络知识共享行为研究［D］．北京理工大学，2015．

［74］牟绍波，任家华，田敏．开放式创新视角下装备制造业创新升级研究［J］．经济体制改革，2013（1）：175 - 179．

［75］于开乐，王铁民．基于并购的开放式创新对企业自主创新的影响——南汽并购罗孚经验及一般启示［J］．管理世界，2008（4）：150 - 159，166．

［76］马文甲，高良谋．基于不同动机的开放式创新模式研究：以沈阳机床为例［J］．管理学报，2014（2）：163 - 170．

［77］黄速建，王欣，叶树光，等．开放式系统创新模式研究——以天士力集团为例［J］．中国工业经济，2010（2）：130 - 139．

［78］陈劲，吴波．开放式创新下企业开放度与外部关键资源获取［J］．科研管理，2012（9）：10 - 21，106．

［79］陈钰芬．企业开放式创新的动态模式研究［J］．科研管理，2009（5）：1 - 11．

［80］陈钰芬．探求与企业特质相匹配的开放式创新模式［J］．科研管

理, 2013 (9): 27 – 35.

[81] Lichtenthaler U, Lichtenthaler E. A Capability – based Framework for Open Innovation: Complementing Absorptive Capacity [J]. Journal of Management Studies, 2010, 46 (8): 1315 – 1338.

[82] Zobel A. Benefiting From Open Innovation: A Multidimensional Model of Absorptive Capacity [J]. Journal of Product Innovation Management, 2017, 34 (3): 269 – 288.

[83] 葛沪飞, 仝允桓, 高旭东. 开放式创新下组织吸收能力概念拓展 [J]. 科学学与科学技术管理, 2010 (2): 46 – 52.

[84] 陈劲, 蒋子军, 陈钰芬. 开放式创新视角下企业知识吸收能力影响因素研究 [J]. 浙江大学学报 (人文社会科学版), 2011 (5): 71 – 82.

[85] Vrande VVD, Jong JPJD, Vanhaverbeke W, et al. Open Innovation in Smes: Trends, Motives and Management Challenges [J]. Technovation, 2009, 29 (6): 423 – 437.

[86] Lee S, Park G, Yoon B, et al. Open Innovation in Smes—An Intermediated Network Model [J]. Research Policy, 2010, 39 (2): 290 – 300.

[87] 张震宇, 陈劲. 开放式创新环境下中小企业创新特征与实践 [J]. 科学学研究, 2008 (S2): 525 – 531.

[88] 陈钰芬, 陈劲. 开放式创新促进创新绩效的机理研究 [J]. 科研管理, 2009 (4): 1 – 9, 28.

[89] Rigby D, Zook C. Open – market Innovation [J]. Harvard Business Review, 2002, 80 (10): 80 – 93.

[90] 童红霞. 数字经济环境下知识共享、开放式创新与创新绩效——知识整合能力的中介效应 [J]. 财经问题研究, 2021 (6): 1 – 16.

[91] 王金杰, 郭树龙, 张龙鹏. 互联网对企业创新绩效的影响及其机制研究——基于开放式创新的解释 [J]. 南开经济研究, 2018 (6): 170 – 190.

[92] 陈劲, 刘振. 开放式创新模式下技术超学习对创新绩效的影响

[J]．管理工程学报，2011（4）：1－7．

[93] 闫春．组织二元性对开放式创新绩效的作用机理——商业模式的中介作用［J］．科学学与科学技术管理，2014（7）：59－68．

[94] 闫春，蔡宁．创新开放度对开放式创新绩效的作用机理［J］．科研管理，2014（3）：18－24．

[95] 张振刚，陈志明，李云健．开放式创新、吸收能力与创新绩效关系研究［J］．科研管理，2015（3）：49－56．

[96] 姚艳虹，欧阳雪，周惠平．开放式创新、知识动态能力与企业竞争力的关系研究——伙伴机会主义的调节作用［J］．软科学，2017，31（7）：29－33．

[97] 江积海，蔡春花．联盟组合的结构特征对开放式创新的影响机理——瑞丰光电的案例研究［J］．科学学研究，2014（9）：1396－1404．

[98] 岳鹄，朱怀念，张光宇，等．网络关系、合作伙伴差异性对开放式创新绩效的交互影响研究［J］．管理学报，2018，15（7）：1018－1024．

[99] 王海花，彭正龙，蒋旭灿．开放式创新模式下创新资源共享的影响因素［J］．科研管理，2012（3）：49－55．

[100] 陈艳，范炳全．中小企业开放式创新能力与创新绩效的关系研究［J］．研究与发展管理，2013（1）：24－35．

[101] 曾江洪，杜琨瑶，李佳威．政府财税激励对企业开放式创新绩效的影响研究［J］．软科学，2021（7）：1－11．

[102] Wang CH, Chang CH, Shen GC. The Effect of Inbound Open Innovation on Firm Performance：Evidence from High－tech Industry［J］. Technological Forecasting & Social Change, 2015, 99（11）：222－230.

[103] 王智新，赵景峰．开放式创新、全球价值链嵌入与技术创新绩效［J］．科学管理研究，2019，37（1）：74－77．

[104] 姚铮，马超群，杨智，等．制造业企业开放式创新中关键资源对新产品开发风险与市场绩效的影响机理研究［J］．中国软科学，2013（6）：

111 – 118.

［105］曹勇，罗紫薇，周红枝. 众包战略、模糊前端与产品创新绩效：基于开放式创新视角的实证分析［J］. 科学学与科学技术管理，2018，39（10）：30 – 40.

［106］陈衍泰，何流，司春林. 开放式创新文化与企业创新绩效关系的研究——来自江浙沪闽四地的数据实证［J］. 科学学研究，2007（3）：567 – 572.

［107］Rothwell R. The Characteristics of Successful Innovators and Technically Progressive Firms（with Some Comments on Innovation Research）［J］. R&D Management，1977，7（3）：191 – 206.

［108］Link A，Tassey G，Zmud RW. The Induce Versus Purchase Decision：An Empirical Analysis of Industrial R&D［J］. Decision Sciences，1983，14（1）：46 – 61.

［109］Kline SJ，Rosenberg N. An Overview of Innovation，The Positive Sum Strategy：Harnessing Technology for Economic Growth［J］. Technology and Culture，1986，29（1）：183.

［110］Rothwell R. Towards the Fifth – generation Innovation Process［J］. International Marketing Review，1994，11（1）：7 – 31.

［111］Dasgupta P，Stiglitz J. Industrial Structure and the Nature of Innovative Activity［J］. The Economic Journal，1980，90（358）：266 – 293.

［112］龙静. 企业知识创新及其管理研究［D］. 南京大学，2001.

［113］Nelson R. The Simple Economics of Basic Scientific Research［J］. The Journal of Political Economy，1959，67（3）：297 – 306.

［114］Rosenberg Nathan. 探索黑箱：技术，经济学和历史［M］. 北京：商务印书馆，2004.

［115］Von Hippel E. "Sticky Information" and the Locus of Problem Solving：Implications for Innovation［J］. Management Science，1994，40（4）：429 – 439.

［116］Simon HA. The Architecture of Complexity［J］. Proceedings of the

American Philosophical Society, 1962, 106 (6): 467 – 482.

[117] Baldwin CY, Clark KB. Design Rules: The Power of Modularity [J]. Design Rules: The Power of Modularity, 2000, 1 (1).

[118] Nickerson JA, Zenger TR. A Knowledge – based Theory of the Firm——The Problem – solving Perspective [J]. Organization Science, 2004, 15 (6): 617 – 632.

[119] Foss K, Foss NJ. Common Knowledge [M]. Springer Berlin Heidelberg, 2002: 402 – 433.

[120] 菅利荣, 达庆利, 陈伟达. 基于变精度粗糙集的分层知识粒度 [J]. 管理工程学报, 2004 (2): 60 – 63.

[121] 罗珉, 王雎. 组织间创新性合作: 基于知识边界的研究 [J]. 中国工业经济, 2006 (9): 78 – 86.

[122] 朱雪忠. 日美高技术竞争中的专利战及其对中国的启示 [J]. 科学学与科学技术管理, 1994 (9): 37 – 40.

[123] 干春晖, 姚瑜琳. 策略性行为理论研究 [J]. 中国工业经济, 2005 (11): 118 – 125.

[124] 王俊豪. 产业经济学 [M]. 北京: 高等教育出版社, 2008.

[125] Scherer FM. Research and Development Resource Allocation Under Rivalry [J]. The Quarterly Journal of Economics, 1967, 81 (3): 359 – 394.

[126] Kamien MI, Schwartz NL. Timing of Innovations Under Rivalry [J]. Econometrica: Journal of the Econometric Society, 1972, 40 (1): 43 – 60.

[127] Kamien MI, Schwartz NL. On the Degree of Rivalry for Maximum Innovative Activity [J]. The Quarterly Journal of Economics, 1976, 90 (2): 245 – 260.

[128] Loury GC. Market Structure and Innovation [J]. The Quarterly Journal of Economics, 1979: 395 – 410.

[129] Dasgupta P, Stiglitz J. Uncertainty, Industrial Structure, and the Speed of R&D [J]. The Bell Journal of Economics, 1980: 1 – 28.

[130] Lee T, Wilde LL. Market Structure and Innovation: A Reformulation [J] . The Quarterly Journal of Economics, 1980, 94 (2): 429 – 436.

[131] Reinganum JF. Dynamic Games of Innovation [J] . Journal of Economic Theory, 1981, 25 (1): 21 – 41.

[132] Reinganum JF. A Dynamic Game of R&D: Patent Protection and Competitive Behavior [J] . Econometrica: Journal of the Econometric Society, 1982: 671 – 688.

[133] Brander JA, Spencer BJ. Strategic Commitment with R&D: The Symmetric Case [J] . The Bell Journal of Economics, 1983: 225 – 235.

[134] Spence M. Cost Reduction, Competition, and Industry Performance [J]. Econometrica: Journal of the Econometric Society, 1984, 52 (1): 101 – 121.

[135] Katz M. An Analysis of Cooperative Research and Development [J] . The Rand Journal of Economics, 1986, 14 (4): 527 – 543.

[136] D'Aspremont C, Jacquemin A. Cooperative and Noncooperative R&D in Duopoly with Spillovers [J] . The American Economic Review, 1988, 78 (5): 1133 – 1137.

[137] Kamien M, Muller E, Zang I. Research Joint Ventures and R&D Cartels [J] . The American Economic Review, 1992, 82 (5): 1293 – 1306.

[138] Reinganum JF. Uncertain Innovation and the Persistence of Monopoly [J] . The American Economic Review, 1983, 73 (4): 741 – 748.

[139] Barzel Y. Optimal Timing of Innovations [J] . The Review of Economics and Statistics, 1968, 50 (3): 348 – 355.

[140] Kamien MI, Schwartz NL. Market Structure and Innovation: A Survey [J] . Journal of Economic Literature, 1975, 13 (1): 1 – 37.

[141] Mansfield E. The Speed and Cost of Industrial Innovation in Japan and the United States: External vs. Internal Technology [J] . Management Science, 1988, 34 (10): 1157 – 1168.

［142］刘重力，黄平川．技术进口对我国企业技术创新能力的影响——基于中国省际数据的分位数回归［J］．南开经济研究，2011（5）：132－141.

［143］Veugelers R. Internal R&D Expenditures and External Technology Sourcing［J］. Research Policy, 1997, 26（3）：303－315.

［144］Utterback JM, Abernathy WJ. A Dynamic Model of Process and Product Innovation［J］. Omega, 1975, 3（6）：639－656.

［145］Cantarello S, Nosella A, Petroni G, et al. External Technology Sourcing：Evidence from Design－driven Innovation［J］. Management Decision, 2011, 49（6）：962－983.

［146］Sen F, Rubenstein AH. An Exploration of Factors Affecting the Integration of In－house R&D with External Technology Acquisition Strategies of a Firm［J］. Ieee Transactions on Engineering Management, 1990, 37（4）：246－258.

［147］Sen F, Rubenstein AH. External Technology and In－house R&D's Facilitative Role［J］. Journal of Product Innovation Management, 1989, 6（2）：123－138.

［148］吴延兵．自主研发、技术引进与生产率——基于中国地区工业的实证研究［J］．经济研究，2008（8）：51－64.

［149］张海洋．R&D两面性、外资活动与中国工业生产率增长［J］．经济研究，2005（5）：107－117.

［150］Cassiman B, Veugelers R. In Search of Complementarity in Innovation Strategy：Internal R&D and External Knowledge Acquisition［J］. Management Science, 2006, 52（1）：68－82.

［151］Veugelers R, Cassiman B. R&D Cooperation between Firms and Universities. Some Empirical Evidence from Belgian Manufacturing［J］. International Journal of Industrial Organization, 2005, 23（5）：355－379.

［152］甄丽明，唐清泉．技术引进对企业绩效的影响及其中介因素的研究——基于中国上市公司的实证检验［J］．管理评论，2010，22（9）：

14 - 23.

［153］李正卫，池仁勇，Millman Cindy. 技术引进和出口贸易对自主研发的影响——浙江高技术产业的实证研究［J］. 科学学研究，2010（10）：1495 - 1501.

［154］陈爱贞，刘志彪，吴福象. 下游动态技术引进对装备制造业升级的市场约束——基于我国纺织缝制装备制造业的实证研究［J］. 管理世界，2008（2）：72 - 81.

［155］朱平芳，李磊. 两种技术引进方式的直接效应研究——上海市大中型工业企业的微观实证［J］. 经济研究，2006（3）：90 - 102.

［156］刘小鲁. 知识产权保护、自主研发比重与后发国家的技术进步［J］. 管理世界，2011（10）：10 - 19，187.

［157］王华，赖明勇，柴江艺. 国际技术转移、异质性与中国企业技术创新研究［J］. 管理世界，2010（12）：131 - 142.

［158］孙建，吴利萍，齐建国. 技术引进与自主创新：替代或互补［J］. 科学学研究，2009（1）：133 - 138.

［159］李光泗，沈坤荣. 中国技术引进、自主研发与创新绩效研究［J］. 财经研究，2011（11）：39 - 49.

［160］卢锐，吴云. 产业技术关联创新与我国 CRT、TFT - LCD 产业的演化［J］. 科学学与科学技术管理，2012（3）：81 - 87.

［161］韩仁洙，吴根烨，金能镇. 韩国 LCD 产业成功因素探究——基于与日本、中国台湾的比较分析［J］. 经济管理，2011（3）：26 - 36.

［162］李维安. 探求知识管理的制度基础：知识治理［J］. 南开管理评论，2007，54（3）：1.

［163］Grandori A. Knowledge - governance Mechanisms and the Theory of the Firm［J］. Journal of Management and Governance，2001，5（3）：381 - 399.

［164］Foss NJ. The Emerging Knowledge Governance Approach：Challenges and Characteristics［J］. Organization，2007，14（1）：29 - 52.

[165] Tapon F. A Transaction Costs Analysis of Innovations in the Organization of Pharmaceutical R&D [J]. Journal of Economic Behavior & Organization, 1989, 12 (2): 197 –213.

[166] Pisano GP. The Governance of Innovation: Vertical Integration and Collaborative Arrangements in the Biotechnology Industry [J]. Research Policy, 1991, 20 (3): 237 –249.

[167] Pisano GP. The R&D Boundaries of the Firm: An Empirical Analysis [J]. Administrative Science Quarterly, 1990, 35 (1): 153 –176.

[168] Ulset S. R&D Outsourcing and Contractual Governance: An Empirical Study of Commercial R&D Projects [J]. Journal of Economic Behavior & Organization, 1996, 30 (1): 63 –82.

[169] Conner KR. A Historical Comparison of Resource – based Theory and Five Schools of Thought within Industrial Organization Economics: Do We Have a New Theory of the Firm? [J]. Journal of Management, 1991, 17 (1): 121 –154.

[170] 顾乃康. 现代企业理论的新发展: 企业知识理论 [J]. 经济学动态, 1997 (11): 55 –58.

[171] Grant RM. Toward a Knowledge – based Theory of the Firm [J]. Strategic Management Journal, 1996, 17: 109 –122.

[172] Kogut B, Zander U. Knowledge of the Firm, Combinative Capabilities, and the Replication of Technology [J]. Organization Science, 1992, 3 (3): 383 –397.

[173] Nelson RR. An Evolutionary Theory of Economic Change [J]. An Evolutionary Theory of Economic Change, 1982, 7 (2): 147 –167.

[174] Kogut B, Zander U. Knowledge of the Firm and the Evolutionary Theory of the Multinational Corporation [J]. Journal of International Business Studies, 1993: 625 –645.

[175] Ghoshal S, Moran P. Bad for Practice: A Critique of the Transaction

Cost Theory [J]. Academy of Management Review, 1996, 21 (1): 13 –47.

[176] Caloghirou Y, Kastelli I, Tsakanikas A. Internal Capabilities and External Knowledge Sources: Complements or Substitutes for Innovative Performance? [J]. Technovation, 2004, 24 (1): 29 –39.

[177] Romer PM. Increasing Returns and Long – run Growth [J]. The Journal of Political Economy, 1986, 94 (2): 1002 –1037.

[178] 温承革, 王勇, 杨晓燕. 组织内部协调机制研究 [J]. 山西财经大学学报, 2004 (6): 85 –90.

[179] Van de ven AH, Delbecq AL, Koenig jr R. Determinants of Coordination Modes within Organizations [J]. American Sociological Review, 1976, 41 (2): 322 –338.

[180] Thompson JD. Organizations in Action [J]. Classics of Organization Theory, Eds. Shafritz, Jm and Ott, Js, Harcourt Brace, Orlando, Fl, 1996, 13 (2): 164 –182.

[181] Puranam P, Gulati R, Bhattacharya S. How Much to Make and How Much to Buy? An Analysis of Optimal Plural Sourcing Strategies [J]. Strategic Management Journal, 2013, 34 (10): 1145 –1161.

[182] 曾楚宏, 林丹明. 论企业边界的两重性 [J]. 中国工业经济, 2005 (10): 75 –82.

[183] 曾楚宏, 林丹明, 朱仁宏. 企业边界的协同演化机制研究 [J]. 中国工业经济, 2008 (7): 26 –35.

[184] Yin RK. Case Study Research: Design and Methods [M]: Sage, 2009.

[185] Allen Paul. 我用微软改变世界 [M]. 杭州: 浙江人民出版社, 2012.

[186] 陈润. 雷军传: 站在风口上 [M]. 武汉: 华中科技大学出版社, 2013.

[187] 田旺, 苍耳. 雷军: 世界需要我的突围 [J]. 企业研究, 2013

(8): 32 - 41.

[188] 王春法. 关于国家创新体系理论的思考 [J]. 中国软科学, 2003
(5): 99 - 104.

[189] Lundvall B. National Innovation System: Towards a Theory of Innovation and Interactive Learning [J], Public Policy in the Learning Society, 2012 (14): 293 - 316.

[190] Nelson R. National Innovation Systems: A Comparative Analysis [J]. University of Illinois at Urbana - champaign's Academy for Entrepreneurial Leadership Historical Research Reference in Entrepreneurship, 1993, 19 (4): 451 - 470.

[191] Lundvall B. Innovation System Research and Policy Where It Came From and Where It Might Go [C]. Paper to be Presented at Cas Seminar, Oslo, 2007.

[192] Lundvall B. Product Innovation and User - producer Interaction [J]. The Learning Economy and the Economics of Hope, 1985: 19.

[193] Freeman C. Technology Policy and economic preformance: Lessons from Japan [M]. Pinter Pub Ltd, 1987.

[194] 江小涓. 理解科技全球化——资源重组、优势集成和自主创新能力的提升 [J]. 管理世界, 2004 (6): 4 - 13, 155.

[195] 薛求知, 王辉. 跨国公司技术创新全球化及其理论解释 [J]. 世界经济研究, 2004 (2): 54 - 59.

[196] 石奇. 产业创新全球化: 问题、理论与区域整合 [J]. 产业经济研究, 2006 (1): 34 - 40.

[197] Santonen T, Kaivo - oja J, Antikainen M. National Open Innovation Systems (nois): Defining a Solid Reward Model for Nois [J]. International Journal of Innovation & Regional Development, 2011, 3 (1): 12 - 25.

[198] Santonen T, Kaivo - oja J, Suomala J. Introduction to National Open Innovation System (nois) Paradigm [M], Finland Futures Research Ceutre, 2007.

［199］Wang Y, Vanhaverbeke W, Roijakkers N. Exploring the Impact of Open Innovation on National Systems of Innovation——a Theoretical Analysis ［J］. Technological Forecasting & Social Change, 2011, 79 （3）: 419 – 428.

［200］Kudryavtseva SS, Shinkevich AI, Shvetsov MY, et al. National Open Innovation Systems: An Evaluation Methodology ［J］. Inderscience Publishers, 2015, 8 （6）: 12 – 25.

［201］崔新健, 郭子枫, 常燕. 开放式国家创新体系及其发展路径 ［J］. 经济社会体制比较, 2014 （5）: 168 – 179.

［202］魏江. 多层次开放式区域创新体系建构研究 ［J］. 管理工程学报, 2010 （S1）: 31 – 37.

［203］王松, 胡树华, 牟仁艳. 区域创新体系理论溯源与框架 ［J］. 科学学研究, 2013 （3）: 344 – 349, 436.

［204］李哲, 杨晶, 朱丽楠. 美国国家创新体系的演化历程、特点及启示 ［J］. 全球科技经济瞭望, 2020, 35 （12）: 7 – 11.

［205］潘冬晓, 吴杨. 美国科技创新制度安排的历史演进及经验启示——基于国家创新系统理论的视角 ［J］. 北京工业大学学报 （社会科学版）, 2019, 19 （3）: 87 – 93.

［206］马建峰. 美国科技政策与技术创新模式的协同演进研究 ［J］. 科技进步与对策, 2012, 29 （2）: 101 – 105.

［207］苏英, 赵兰香, 吴灼亮, 等. 美国创新政策的演变及其启示 ［J］. 科学学与科学技术管理, 2006 （6）: 70 – 74.

［208］董金华. 美国国家创新体系三大主体角色新动向的启示 ［J］. 科学学研究, 2005 （5）: 715 – 720.

［209］柳卸林, 葛爽, 丁雪辰. 工业革命的兴替与国家创新体系的演化——从制度基因与组织基因的角度 ［J］. 科学学与科学技术管理, 2019, 40 （7）: 3 – 14.

［210］徐继宁. 国家创新体系: 英国产学研制度创新 ［J］. 高等工程教

育研究, 2007 (2): 35 - 39, 71.

[211] 贺亚力. 英国国家创新系统再造给我国的启示 [J]. 技术经济与管理研究, 2006 (2): 102 - 104.

[212] 王胜华. 英国国家创新体系建设: 经验与启示 [J]. 财政科学, 2021, 66 (6): 142 - 148.

[213] 刘成伟. 英国政府的科技创新政策及对我国的政策启示 [J]. 科技与管理, 2007 (3): 117 - 119.

[214] 陈俐, 冯楚健, 陈荣, 等. 英国促进科技成果转移转化的经验借鉴——以国家技术创新中心和高校产学研创新体系为例 [J]. 科技进步与对策, 2016, 33 (15): 9 - 14.

[215] 刘小玲, 徐进, 任真. 英国国家科研与创新署的国际合作战略与政策及其启示 [J]. 世界科技研究与发展, 2019, 41 (4): 439 - 446.

[216] 贾国伟, 刘笑宇, 李宇航, 等. 德国创新体系建设与创新人才培养研究 [J]. 创新人才教育, 2020, 29 (1): 83 - 88.

[217] 阳晓伟, 闭明雄. 德国制造业科技创新体系及其对中国的启示 [J]. 技术经济与管理研究, 2019, 274 (5): 32 - 36.

[218] 张明妍. 德国科技发展轨迹及创新战略 [J]. 今日科苑, 2017 (12): 1 - 14.

[219] 章熙春, 柳一超. 德国科技创新能力评价的做法与借鉴 [J]. 科技管理研究, 2017, 37 (2): 77 - 83.

[220] 张海娜, 曾刚, 朱贻文. 德国创新政策及其对区域发展的影响研究 [J]. 世界地理研究, 2019, 28 (3): 104 - 112.

[221] 王慧斌, 白惠仁. 德国大科学装置的开放共享机制及启示 [J]. 中国科学基金, 2019, 33 (3): 308 - 312.

[222] 樊勇, 金晴. 战后日本科技政策的演变及其对我国的启示 [J]. 自然辩证法研究, 2020, 36 (10): 79 - 83.

[223] 尹玲, 于群. 日本科技创新战略的发展与启示——评《日本科技

厅及其政策的形成和演变》[J]. 中国高校科技, 2020, 382 (6): 97 – 98.

[224] 阎莉. 战后初期至经济高速发展时期日本技术转移政策综述 [J]. 日本研究, 2001 (3): 12 – 17.

[225] 罗雪英, 蔡雪雄. 日本国家创新体系的构建与启示——基于科技—产业—经济互动关系的分析 [J]. 现代日本经济, 2021, 40 (1): 72 – 82.

[226] 王书宇. 日本产学研结合的经验及启示 [J]. 科技广场, 2020, 205 (3): 28 – 35.

[227] 周文莲, 周群英. 试析日本国家创新体系的现状及特点 [J]. 日本研究, 2007, 122 (3): 42 – 46.

[228] 曹勇, 赵莉. 日本建设创新型国家的推进机制及其借鉴研究 [J]. 中国科技论坛, 2009, 159 (7): 129 – 133, 138.

[229] Lundvall BÅ. Innovation as an Interactive Process: From User – producer Interactionto the National System of Innovation [J]. China Soft Science, 2009, 17 (1): 101 – 106.

[230] Etzkowitz H, Leydesdorff L. The Dynamics of Innovation: From National Systems and "mode 2" to a Triple Helix of University – industry – government Relations [J]. Research Policy, 2000, 29 (2): 109 – 123.

[231] Etzkowitz H, Zhou C. Regional Innovation Initiator: The Entrepreneurial University in Various Triple Helix Models [C] //Triple Helix 6th Conference Theme Paper, Singapore, 2007.

[232] Wiig H, Wood M. What Comprises a Regional Innovation System? An Empirical Study [J], STEP Report series, 1995.

[233] Perkmann M, Walsh K. University – industry Relationships and Open Innovation: Towards a Research Agenda [J]. International Journal of Management Reviews, 2007, 9 (4): 259 – 280.

附　录

附录1

证明：需求函数为 $p = a - bq$，计算出垄断价格为 $p^m = \dfrac{a+c}{2}$。企业能成功

实施垄断价格，要求垄断价格和成本满足条件 $\underline{c} < p^m < \beta\underline{c}$，即要求 $\beta > \dfrac{a+c}{2\underline{c}}$。

$\dfrac{a+c}{2\underline{c}} < \beta < \dfrac{\overline{c}}{\underline{c}}$ 成立，$\beta > \dfrac{a+c}{2\underline{c}}$ 也必然成立，市场领先者可以实施垄断价格策

略。因此，市场对于知识购买的最大支付意愿发生变化，即式（5-1）发生

了变化。在面临退市的情形下，企业为保证可以购买到知识，最大支付意愿

变为 $\prod_i^{22}$，所以 $K^{22} = \prod_i^{22} + \prod_j^{22}$。在（2, 1）或者（1, 2）组合下，企业为

了拥有完全知识并实施垄断定价，不仅要保证其获得知识许可权，还希望独占

许可权，所以最大支付意愿变为 $\prod^m(\underline{c})$。根据效率效应有 $\prod^m(\underline{c}) \geqslant \prod_i^{22}$

$(\underline{c}) + \prod_j^{22}(\underline{c})$，虽然式（5-1）发生了变化，但在 $\dfrac{a+c}{2\underline{c}} < \beta < \dfrac{\overline{c}}{\underline{c}}$ 条件下，k

依然更愿意选择（2, 1）或者（1, 2）的供给结构。事实上，如果创新为剧

烈创新，不考虑具体需求函数的情况下，效率效应的存在会促使知识购买方

愿意提供介于（$\prod_i^{22}(\underline{c}) + \prod_j^{22}(\underline{c})$，$\prod^m(\underline{c})$）之间的价格。证明完毕。

附录2

证明：为判断 δ_n 的单调性，根据定义有：

$$\delta(n) - \delta(n-1) = \frac{a - c_j(n)}{a - c_i(n)} - \frac{a - c_j(n-1)}{a - c_i(n-1)} \qquad (\text{附}2-1)$$

对式（附2-1）进行整理得：

$$\delta(n) - \delta(n-1) = \frac{a - c_j(n-1) + \Delta_j(n)}{a - c_i(n-1) + \Delta_i(n)} - \frac{a - c_j(n-1)}{a - c_i(n-1)}，其中 \Delta(n) =$$

$c(n-1) - c(n) > 0$

进一步处理得 $\delta(n) - \delta(n-1) = \dfrac{\Delta_j(n)(a - c_i(n-1)) - \Delta_i(n)(a - c_j(n-1))}{(a - c_i(n-1) + \Delta_i(n))(a - c_i(n-1))}$，

分母大于零，则符号取决于分子。若 $\delta(n) - \delta(n-1) > 0$，则有：

$$\frac{\Delta_j}{\Delta_i} > \frac{a - c_j(n-1)}{a - c_i(n-1)} = \delta(n-1) \qquad (\text{附}2-2)$$

若 $\delta(n) - \delta(n-1) < 0$，

$$\frac{\Delta_j}{\Delta_i} < \frac{a - c_j(n-1)}{a - c_i(n-1)} = \delta(n-1) \qquad (\text{附}2-3)$$

$\Delta_j(n)/\Delta_i(n)$ 是企业 j 与 i 的成本变化的比率，由式（附2-2）与式（附2-3）可以判断 δ_n 的变化趋势是不断地向 $\Delta_j(n)/\Delta_i(n)$ 靠近，直到 $\delta_n = \Delta_j(n)/\Delta_i(n)$ 或者围绕 $\Delta_j(n)/\Delta_i(n)$ 上下波动。